Hijas de la historia

Historia

Biografía

Isabel Revuelta Poo (Ciudad de México, 1973) internacionalista, investigadora e historiadora del arte especializada en Historia de México, es catedrática de la Universidad Iberoamericana y fundadora del curso privado *La historia sin mayúscula*. Como promotora cultural ha colaborado con el Consejo Nacional para la Cultura y las Artes (Conaculta), el Instituto Nacional de Bellas Artes (INBA) y el Auditorio Nacional difundiendo el patrimonio, las artes y la historia de nuestro país.

Es autora de textos sobre investigación y divulgación histórica como los ensayos «La iconografia de los timbres mexicanos» (2003) y «La historia de la cerveza en México» (2009) y coautora de los libros *México 200 años. La patria en construcción* (2010) y *Cara o cruz: Miguel Hidalgo* (2018). En 2019 prologó una nueva edición de *Cumbres borrascosas*, de Emily Brontë. Su obra más reciente es *Hijas de la historia. Las mujeres que construyeron a México* (Planeta, 2021), que ya se encuentra en su 6a reimpresión y de la que se prepara un segundo volumen, próximamente publicado en Editorial Planeta.

Desde hace casi una década, narra historias —y desmiente otras— en los programas *El ADN de la Historia* (antes *El Refugio de los Conspiradores*) y *Personajes Geniales*, además de encabezar varios espacios en vivo en el canal ADN40. En TV UNAM, presentó las temporadas I y II del ciclo Vindictas Históricas, compartiendo el tema central de su actual investigación con otros historiadores especialistas en biografías de mujeres mexicanas.

Ha impartido conferencias destacadas en México y Estados Unidos, sobre temas de historia, cultura y género en eventos como LéaLA 2024 y el Women Economic Forum 2025.

isabel_revuelta
isabelrevuelta _historia
isabelrevueltapoo
isabelrevuelta

Isabel Revuelta Poo

Hijas de la historia

Las mujeres que construyeron a México

Planeta

Diseño de portada: Planeta Arte & Diseño
Ilustración de portada: iStock
Diseño de interiores: Guadalupe M. González Ruiz
Ilustraciones de interiores: Marisol Rivera Morales y Eduardo Ramón Trejo

Bajo el sello editorial BOOKET M.R.
Avenida Presidente Masarik núm. 111,
Piso 2, Polanco V Sección, Miguel Hidalgo
C.P. 11560, Ciudad de México
www.planetadelibros.com.mx

Primera edición impresa en México en Booket: septiembre de 2025
ISBN: 978-607-39-3309-4

Impreso en los talleres de Impresora Tauro, S.A. de C.V.
Av. Año de Juárez 343, Col. Granjas San Antonio,
Iztapalapa, C.P. 09070, Ciudad de México
Impreso y hecho en México / *Printed in Mexico*

◇◆◇

A **Gabriel**, por tu incondicional,
amorosa y permanente fe
en «esas chispitas».

◇◆◇

A **Isabel P. R.** y **Gabriel P. R.**,
por que estas historias de mujeres los
arraiguen profundamente a lo
nuestro y los inspiren a
volar muy alto.

◇◆◇

A **Guadalupe** e **Isabel R.R.**,
grandísimas mujeres de
mi propia historia.

◇◆◇

Algunas mujeres fueron protagonistas de la historia que se estaba escribiendo; otras atestiguaron los acontecimientos que le dieron forma a la nación mexicana, algunas más entendieron el momento, las circunstancias y la época que les tocó vivir. Isabel Revuelta Poo reúne en este libro la vida de diez mujeres y a través de ellas cuenta la historia de México. Su obra es un acercamiento crítico, despojado de los mitos y las malinterpretaciones que han impedido conocer con claridad la historia de la mujer mexicana. Con una minuciosa investigación, Isabel conspira para entregar a los lectores una visión de la historia femenina que no es complaciente y sí muy reveladora.

ALEJANDRO ROSAS

ÍNDICE

Introducción

La historia de las mujeres es también la historia de su tiempo,
de la cultura de ese momento,
de una forma de pensar y de ser; no fueron solo receptoras
de ideologías, señala Sara Sefchovich,
fueron importantes actores que desde lo privado y lo cotidiano
reprodujeron valores, creencias, tradiciones;
se comprometieron con aquellas causas que consideraron justas,
desde el punto de vista desde donde les tocó vivir.

EMILIA RECÉNDEZ

si habláramos de mujeres de carne y hueso, no solo de heroínas o de mexicanas famosas distorsionadas detrás de mitos, escondidas tras velos almibarados y leyendas negras? Aquí hablaré de diez mexicanas a profundidad. Algunas son casi desconocidas; otras han sido malinterpretadas, pero, aun así, han estado presentes en todos los ámbitos de la nación, tejiendo la historia de nuestro país.

Conocer sus vidas a profundidad, reconocer la importancia de cada una de ellas, más allá de mitos y leyendas, es tarea fundamental para conocer la historia de México de manera más amplia. Desde sus ojos, vivencias y anhelos, desde sus tragedias y logros; desde su condición de mujeres participantes en la vida de nuestro país. Las historias de estas mujeres *reales* narran, junto con sus vidas, acontecimientos de los últimos cinco siglos.

En tiempos recientes, la proliferación de importantes compilaciones biográficas, casi catálogos, han puesto en la mira a un sinnúmero de mujeres de diversas esferas y contextos, lo que reivindica su presencia y participación en la vida nacional. Sin embargo, la divulgación histórica también demanda escudriñar sus vidas, pasiones, penas, deseos, límites, obras y hazañas con mayor detalle. Con ello se devela su aportación a la colectividad y la cotidianidad que nos son propias. Son una parte importante del relato que nos define como mexicanos.

Sus vidas son el hilo conductor del devenir de nuestro país. Su historia, con minúscula, entrelaza nuestra Historia, esa que se escribe con mayúscula. Sus presencias nos guiarán a ello. Dejemos que nos cuenten momentos de estos últimos siglos, removiendo velos y capas oxidadas. Desde la fundacional Malintzin, en los albores de la Conquista, hasta la deslumbrante Dolores del Río del pujante siglo XX. Todas ellas bordan, con el hilo conductor de su existencia, el tejido del que estamos hechos, y narran la parte de la historia de México que a las mujeres también nos ha tocado vivir.

Cuando inicié la investigación para este libro, hace un par de años, nunca imaginé vivir, como ellas, momentos aciagos de nuestra historia, como ha sido, desde la primavera de 2020, la crisis por Covid-19 en México y el mundo. Vivir una pandemia de tales proporciones nunca pasó por mi cabeza al escribir sus biografías; ahora siento que comparto con ellas una historia, la de mis propios tiempos, también de luchas, retos y pérdidas, pero llena de esperanza en el porvenir.

Tiene sentido hablar de ellas, puesto que ahora hay una continuidad entre nosotras como mexicanas. Continuidad entre sus tiempos y el mío, transitados por el acontecer nacional que me llena de pasión y motivación para narrar, sin mitos, los *verdaderos* destinos de estas mujeres mexicanas.

ISABEL REVUELTA POO

CIUDAD DE MÉXICO, MAYO DE 2021

México prehispánico y la Conquista

I. Malintzin, Malinalli, doña Marina

Las tres, la misma

Olutla, actual estado de Veracruz, 1502 -
Ciudad de México, c. 1529

Malintzin hubiera podido mantenerse callada.
Nadie esperaba de ella que se ofreciera como intérprete.
Pero una hora después había demostrado su utilidad.
López de Gómara, biógrafo de Cortés, escribiría que, cuando terminó,
el capitán la tomó aparte con Gerónimo de Aguilar,
le preguntó quién era y le prometió más que libertad
si aceptaba ayudarlo a encontrar a Moctezuma y a hablar con él.

CAMILLA TOWNSEND

Antes de poner siquiera sus ojos sobre el rostro de Hernán Cortés en tierras mayas —tabasqueñas— en ese abril de 1519, antes de convertirse en su lengua, en su voz, Malintzin había sido vendida como esclava dos veces por los suyos. No por los otros, no por los recién llegados, sino por los propios, por mexicas y por mayas, para quienes ella era una esclava más, *solo una mujer más*.

El encuentro entre Hernán y Malintzin, así como la relación tan estrecha que mantuvieron en todos los sentidos, es uno de los hechos más trascendentales de la historia de la Conquista y del mestizaje de México. La intervención de esta mujer políglota, ciertamente, fue definitiva en el triunfo de Cortés. Las circunstancias que vivió y las decisiones que tomó son parte fundacional de nuestra historia. Y así hay que abordarla. No solo atestiguó el nacimiento de México como nación, sino que lo vivió en primera persona. Juzgarla con ojos de otros tiempos confunde los actos de su vida como una mujer de carne y hueso. Tuvo una vida extraordinaria, crucial, en un momento también extraordinario y crucial de nuestra historia.

Malinalli no sospechaba los alcances de su existencia ni el tamaño de su oscura mitificación. El pesado juicio de la leyenda la condena a ser una especie de objeto seductor y monstruoso; la presenta como un personaje maldito: la traidora, la puta, la chingada, la vendepatrias y, al final, *la Malinche...*, la célebre y mal llamada «*malinchista* de Malinche». Se trata de un concepto tergiversado de su realidad, muy común en la historia que se cuenta como única, en la *versión oficial*. Una perspectiva distorsionada, nebulosa, que respondía a una postura decimonónica que, por un lado, colocó a algunos personajes en inalcanzables pedestales y, por otro, creó villanos terribles y de naturaleza execrable. Una postura sesgada y maniquea que arremete contra la historia misma, porque anula la reflexión y el debate sobre las consecuencias de los actos y las circunstancias en que se desenvuelven los personajes. La vida de Malinalli, Malintzin, doña Marina, está llena de esas circunstancias.

La lengua que forjó su destino

En las civilizaciones prehispánicas, como es el caso del Imperio azteca, la sociedad se encontraba estratificada y las mujeres vivían en absoluta sumisión. No se apartaban del ámbito doméstico (no se alejaban de su casa, para ser más exactos), y eso era lo normal. Era el destino en el que se encontraban inmersas y perfectamente habituadas; no se esperaba que lucharan por cambiar su condición. En las labores cotidianas de alimentación y crianza encontraban seguridad y continuidad para la sociedad.

Sin embargo, algo muy distinto sucedía con los esclavos. Las mujeres que no se consideraban «principales» en esos hogares —en su mayoría integrados por varias familias— eran las más propensas a la esclavitud. Quienes no eran esposas o hijas «del matrimonio principal» podían ser vendidas para el beneficio común de esos hogares comunitarios. Ese fue el destino de la joven Malinalli: la vendieron como esclava en dos ocasiones, antes de que se la obsequiaran a Cortés como tributo de guerra.

Su verdadero nombre seguirá siendo un misterio; se desconoce cómo la llamaron sus padres, pues para los pueblos prehispánicos era muy común cambiar de nombre según las experiencias de la vida. Ahora bien, el nombre con el que la conocemos, con el que pasó a la historia, *Malinche,* es incorrecto y amerita una amplia revisión.

Paradójicamente, esta intérprete políglota, la «lengua» que sagaz forjó su destino y supervivencia mediante la palabra, no dejó para la historia una sola línea de su autoría. Ella no escribió jamás sobre su vida. Sabemos de su persona por quienes convivieron con ella. Incluso Hernán Cortés la menciona, por única ocasión, en la Quinta Carta de Relación dirigida a Carlos V. Cronistas e historiadores han escrito prolíficamente sobre ella y su nombre. Algunos sostienen que se llamaba *Malinalli,* como la planta de la enredadera o matorral en náhuatl. Otros refieren que los españoles la bautizaron como *Marina,* sin embargo, la *r* en náhuatl no se podía pronunciar y se sustituyó por el sonido de la *l,* *Malina, y,* en diminutivo, *Malintzin.* Ese es el nombre con el que pasó a la historia: Malintzin.

Malintzin nació a principios del siglo XVI, en 1502, en Olutla, población ubicada en los límites del Imperio azteca, en la región de Coatzacoalcos, en el actual estado de Veracruz. A esta cercanía con los dominios mexicas debe su segunda lengua. Aunque los nobles principales hablaban náhuatl, la mayoría de los habitantes de la región eran descendientes de los ancestrales olmecas, por lo que hablaban otra lengua común: el popoluca. Malintzin hablaba ambas. Sin embargo, esa niña creció con una desconfianza total hacia lo náhuatl y los mexicas, quienes constantemente asolaban a su pueblo en busca de tributos de toda índole, algunos que se pagaban con la vida.

Su rechazo a los mexicas no era gratuito. A la edad de diez años quedó huérfana de padre. Su madre, al volver a casarse para beneficiar a su hijo varón recién nacido y evitar que lo hicieran prisionero o lo designaran para sacrificios humanos, prefirió vender a Malintzin a unos traficantes de esclavos. El tributo había sido cumplido. Después de una travesía de varios días, de desarraigo de lo suyo y de todo lo

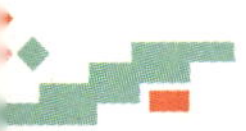

que conocía como propio, llegó al imponente mercado de Xicallanco, un importante enclave comercial mesoamericano.

Entre aves, plumas, frutos, cestas, textiles y demás productos fantásticos, la joven con dominio del náhuatl fue exhibida como un producto más, como una mujer bilingüe y esclava ofrecida para el mejor postor. Era una «adquisición importante», decían. La compraron unos comerciantes mayas chontales de la ciudad de Putunchán, ubicada en la ribera del río Tabscoo, hoy Tabasco, en tierras muy lejanas a su natal Coatzacoalcos. En ese lugar la sometieron a las labores de mujer y de servidumbre, propias de una esclava, y con ello a un destino que con seguridad debió de ser doloroso y traumático.

Unos años después, Malintzin fue arrancada nuevamente de raíz. A principios de 1519, tras su paso por las costas de la península de Yucatán, Hernán Cortés dirigió su expedición a la desembocadura del río Tabscoo. La adolescente, de catorce o quince años, formó parte del regalo que «los de Tabasco» le hicieron al capitán y a sus hombres al perder la batalla de Centla, cerca del Xicallanco, el gran mercado. En dos horas los mayas chontales perdieron a casi 200 hombres. Tabscoob, señor de los ocho leones, el cacique «Gordo de Putunchán», no solo no podía costear semejante guerra, sino que tenía que asegurarse de que no volviera a suceder. Necesitaba congraciarse con ellos.

Así, les regaló a los españoles, además de joyas y alimentos, un grupo de veinte mujeres «para hacerles gran servicio, pues como los veían sin mujer, y como cada día es menester moler y cocer el pan de maíz en que se ocupan mucho tiempo las mujeres», relata López de Gómara, biógrafo de Cortés, sobre el particular obsequio. La preparación de las tortillas o del pan de maíz era de vital importancia para la supervivencia de la expedición en su avance hacia Tenochtitlan. Al regalarles a sus esclavas, los indígenas los dotaron de utilísimas cocineras y concubinas, actividades que Malintzin ya realizaba para sus amos chontales.

A partir de ese momento el destino de Malintzin cambiaría para siempre. Las mujeres regaladas fueron bautizadas antes de ser asignadas a los hombres de la expedición del extremeño. Malintzin, ahora Marina, sería la mujer del más noble y con más alto rango de los hombres al mando de Hernán Cortés, Alonso Hernández Portocarrero. Y sería su mujer por la gran impresión que le causó a Cortés, quien quería agradar a su noble amigo por su participación en la epopeya. El desenvolvimiento, el porte, la seguridad de sus movimientos y la belleza de Malintzin constituyeron un tema ampliamente comentado por sus contemporáneos. «Era de buen ver, entrometida y desenvuelta», cita López de Gómara, motivos por los que más adelante sería la compañera sentimental del célebre conquistador español.

De esclava a traductora

Hernán Cortés continuó con su expedición hacia el corazón del Imperio mexica, pero, al llegar a la región de Veracruz, lo abordaron los emisarios de Moctezuma, que lo invitaron «a retirarse». Ni Cortés ni su intérprete Gerónimo de Aguilar les entendieron. Este último había sido liberado hacía unos meses tras años de cautiverio entre los mayas y, debido a su dominio del maya chontal, fue de gran utilidad en el avance de la expedición. De nada le servía ahora el heroico Jerónimo a Cortés. El traductor no podía darse a entender ni entendía nada de lo que mandaba decir el gobernante Moctezuma por conducto de sus mensajeros. Esos mensajeros que provenían del único sitio al que a Cortés le importaba llegar, con el que soñaba y que ambicionaba: la gran Tenochtitlan.

Malintzin pudo haberse quedado callada. Ella sí entendió lo que decían los emisarios del gran tlatoani mexica. Los había visto llegar antes a su pueblo natal. Ella comprendía los mensajes de ese gobernante que causaba tantos males a los suyos. Todos hablaban náhuatl, la lengua dominante, la lengua del imperio que los sometía. Entonces, libremente,

puesto que los españoles desconocían que la joven hablaba tres lenguas —popoluca, náhuatl y maya chontal—, eligió no quedarse callada. Decidió hablar con los mensajeros mexicas y hacerle ver a Cortés que dominaba el náhuatl. Se dirigió a Gerónimo de Aguilar, ahora en maya chontal, para que él, en castellano, pronunciara lo que Hernán Cortés tanto deseaba escuchar: las palabras del mismísimo tlatoani. En ese instante decidió hacerles ver a todos que era una mujer inteligente, que entendía la magnitud y la importancia de esa primera traducción, que comprendía los alcances de lo que estaba pasando.

Al romper el silencio en ese confuso momento, Malintzin eligió ser la intérprete de Hernán Cortés, no al revés. No como lo cuenta la historia maniquea, que la condena a una absurda traición hacia quienes ella no tenía posibilidad de sentir lealtad o pertenencia alguna. Los mexicas y su férreo sistema tributario propiciaron su venta como esclava. Tampoco sentía deuda alguna con sus amos chontales. La regalaron. Entre joyas y víveres, la obsequiaron como parte de un botín de guerra a otros. A esos otros que venían de fuera, con otras formas y de otro mundo.

Malintzin eligió volver a adaptarse. El mundo, tal como lo conocía, una vez más había desaparecido. No se conformó con preparar los alimentos de Hernández Portocarrero y ser su mujer, como el resto de sus compañeras indígenas. Convirtió la acción de traducir e interpretar en una excepcional herramienta y no solo en un medio de supervivencia, sino en una ventaja personal ante quienes dominaron la situación desde entonces: los españoles.

La historia no se ha contado con claridad en este punto. No hay traición ni menosprecio, ni aprecio exagerado por lo extranjero o por «lo otro», como tampoco desdén por lo propio. Malinalli, Malintzin, no traicionó a nadie. No sentía a nadie como «suyo». Escogió esa compleja estrategia para reiniciar su vida una vez más. Nació entonces la traductora, la faraute. Nació doña Marina. El día que Cortés mandó decir a

Moctezuma que sus obsequios y su indisposición a recibirlo no lo persuadían para darse vuelta por donde había venido, y que continuaría avanzando hasta conocerlo, doña Marina, su nueva intérprete, tenía apenas quince años.

Marina se convirtió en una mujer sumamente astuta. Además de apuntarlo varias crónicas de la época, su decisión lo confirma. Hizo lo mejor que podía con los recursos que tenía en esa situación extrema: una conquista que representaba el fin del mundo, de su mundo. Pudo haber guardado silencio y recibir el mismo trato que miles de mujeres contemporáneas en su misma situación. Sin embargo, ella se volvió indispensable, sacó provecho de su inteligencia y de su dominio de las lenguas. Supo reconocer la necesidad que tenía Cortés de un aliado estratégico. Uno que lo ayudara en tan colosal y descabellada idea de conquistar a los que desconocía por completo. Ella los conocía bien. Ella se convirtió en su aliada.

Doña Marina —el «doña» no lo perdería jamás por la importancia que alcanzó, como si hubiera pertenecido a la nobleza— sería para Hernán Cortés, además de «su lengua», una suerte de salvoconducto, su herramienta más preciada. Su embajadora: la que habla por «el importante» ante otro «importante» en el protocolo prehispánico.

En su avance hacia el encuentro con Moctezuma, Cortés sumó a su audacia y ambición la inteligencia de su embajadora, quien no solo tradujo, junto con Gerónimo de Aguilar, sino que le aconsejó y leyó estratégicamente entre líneas sobre todos los asuntos de los pueblos sometidos por Tenochtitlan, mismos que, al final, serían los aliados con los que el extremeño logró la conquista de los mexicas. Malintzin detallaba a Cortés los modos, las costumbres, la *psique* y la religión de los grupos con los que tenían contacto. A su vez, era ella quien les anunciaba que quedaban liberados del tributo a Moctezuma y que su lealtad ahora se debía al rey de España, a Carlos V, y que su fe ya no sería más a Huitzilopochtli, sino a la religión católica, a Jesucristo.

Para los indígenas, Malintzin era la voz por quien hablaba Cortés. Eran un ente inseparable una del otro. Los concebían como a una misma persona. Siempre unidos, siempre juntos. Ambos inspiraban temor, pero también admiración y respeto. Se referían a Cortés como «el hombre de Malintzin», el «señor Malinche», y con ello señalaban pertenencia. En esos tempranos momentos, Cortés *es Malinche*. Apenas una década después de la Conquista, en varios códices coloniales, a Malintzin la representan, una y otra vez, inseparable de Cortés a su paso por los pueblos aliados. Irónicamente, fue en Tlaxcala donde Malintzin le explicó a Cortés que el rey Xicoténcatl deseaba establecer esa alianza casando a sus hijas con sus lugartenientes y demás hombres que lo acompañaban, a la usanza del final de cualquier otra guerra prehispánica. Trescientas jóvenes completaban el ofrecimiento, tal como le había sucedido a ella en dos ocasiones.

Malintzin recibió entonces a su cargo y tuvo a su cuidado a varias de esas mujeres, princesas hijas de nobles señores, muy bien vestidas, así como a jóvenes muchachas comunes, vestidas con ropas sencillas: esclavas. Doña Marina aparece en diversos códices coloniales siempre magnífica, ataviada en huipiles hermosos, sobria, con la cabeza erguida, instruyendo a las mujeres que la escuchaban en silencio, en forma humilde y recatada. Los primeros escritos, esas primeras representaciones en los códices, son de gran importancia para conocer el destino de sumisión de Malintzin, a un grupo o a otro, así como la sumisión de decenas de mujeres de la época.

La hija del viejo Xicoténcatl, bautizada como María Luisa, fue entregada al férreo Pedro de Alvarado. Se trataba del plan maestro cortesiano: las mujeres de mayor alcurnia indígena eran entregadas a sus amigos y principales capitanes para iniciar el mestizaje que tanto promovería el extremeño. Empezaba la empresa de fundar un nuevo pueblo, en un nuevo mundo: el de Cortés. Ese pueblo mitad español y mitad indígena, con él a la cabeza, obviamente. Empezaba así un nuevo proyecto, un pueblo nuevo, mestizo: México. Malintzin y Cortés son parte indeleble de la fundación de México.

Conforme avanzaban los acontecimientos de la Conquista, Malintzin aprovechó hábilmente el saberse indispensable y aseguró su lugar al lado de Cortés, demostrándole su absoluta fidelidad. En Cholula le advirtió sobre la emboscada que ahí les preparaban después de la gran fiesta con la que los recibieron. Astuto como pocos, comprobó su desconfianza al percatarse de que mujeres y niños habían abandonado la ciudad y, ante la advertencia de Malintzin, los atacó por sorpresa. Españoles, cempoaltecas y tlaxcaltecas, en una fuerte y significativa alianza por el número de hombres y armas que aportaron los indígenas, vencieron a Cholula tras una cruenta batalla. Luego de la masacre, iniciaron la marcha hacia Tenochtitlan. A partir de este momento, y por el resto de su vida, Malintzin no se separó jamás de Hernán Cortés.

Ante tal demostración de lealtad, fueron indivisibles también en un nivel personal. Hernán y Malintzin ya eran amantes tiempo atrás, en Cempoala, cuando Alonso Hernández Portocarrero y Francisco de Montejo se marcharon rumbo a la corte española, con el botín y los documentos del recién creado ayuntamiento en Veracruz, mismos con los que Cortés buscaba neutralizar el ataque del gobernador Velázquez en su contra. Christian Duverger, certera y osadamente, apunta ante este hecho: «Con esa maniobra Cortés recupera también a Marina: la antigua amante de Hernández Portocarrero se convertirá en su amante oficial, su compañera de todos los instantes, su consejera en asuntos indígenas, su fiel portavoz y, ciertamente, en su gran amor».

Si entre Malintzin y Hernán Cortés hubo un gran amor, es difícil asegurarlo. Sin embargo, los hechos indican que, en muchos momentos, se fundieron en un vínculo amoroso, más allá de la posible relación entre conquistador e intérprete. Malintzin debió de sentir emociones encontradas. Largas caminatas, días aciagos de crueles batallas, numerosas intrigas, sagaces estrategias ideadas por ella, relatos de su mundo, intimidad amorosa, así pasaban los meses y los días junto a Cortés. Mientras, las otras mujeres del grupo se dedicaban a lo que poco tiempo antes había sido la vida de Malintzin: hilar, tejer, moler maíz y hacer tortillas. Marina tenía una nueva vida entrelazada con el destino de Cortés.

Fue así que, como su mujer y traductora, participó en el histórico momento en que Cortés y Moctezuma Xocoyotzin se conocieron. Ella fue quien tradujo en ese crucial evento, el 8 de noviembre de 1519, cuando se encontraron por fin, cara a cara, el conquistador y el emperador mexica. Fue en la gloriosa Tenochtitlan, al pie de la calzada de Iztapalapa, en lo que hoy es el Hospital de la Purísima Concepción y Jesús Nazareno, en el centro histórico de la Ciudad de México. En el mismo lugar donde años después Cortés fundó dicho hospital para atender a los indios. Por si fuera poco, también ahí elegirá el historiador Lucas Alamán, en el siglo XIX, esconder, para su salvación y tras siglos de persecución, los restos del conquistador. Hoy, en ese emblemático lugar, reposa casi secretamente Hernán Cortés de Monroy, el hombre de la Conquista de México. Por su parte, el lugar donde descansan los restos de Malinztin, la mujer indígena de la Conquista de México, es un misterio. No sabemos dónde se encuentra su última morada.

Unir dos mundos con la palabra

La aventura de esta protagonista de nuestra historia apenas comenzaba. Ya en Tenochtitlan, Malintzin se alojó junto con Cortés, sus principales capitanes y las nobles indígenas que eran ya sus mujeres en el palacio del padre de Moctezuma, el majestuoso palacio de Axayácatl, el anterior tlatoani, frente al magnífico Templo Mayor. Esta acción de hospitalidad de parte de Moctezuma, de tibia diplomacia, le costaría al mandatario indígena el juicio de su propio pueblo y el de la historia.

Quizá se debió a que, durante el violento choque de ambos mundos, Cortés y Moctezuma fueron enemigos, pero también sintieron una mutua y peculiar admiración, una especie de fascinación, de magnética curiosidad por conocer más el uno del otro. Tal vez por ello Moctezuma titubeó y lo recibió en las entrañas del imperio; incluso se lo entregó de manera simbólica en el primer discurso que salió de labios de Malintzin.

Aunque, por otro lado, también hubo recelo, desconfianza y un completo malentendido entre ellos, entre sus ideas, sus creencias y cosmovisiones. Lo que para uno era sagrado, para el otro era demoniaco, en específico, los sacrificios humanos. Esas obvias e irreconciliables diferencias fueron la justificación en la mente de Cortés —la férrea convicción de enseñarles «lo bueno» y mostrarles al «verdadero Dios»— para conquistar Tenochtitlan en nombre de Carlos V, de la Corona española y de la religión católica, pero no sin antes vivir en la imponente y seductora ciudad por más de ciento cincuenta días. Los motivos por los que Moctezuma los alojó en ella tanto tiempo son inciertos. Algunos historiadores relatan un temprano cautiverio del tlatoani, mientras que otros aseguran que fueron días de paseos y reuniones «amistosas» de tensa calma.

Los españoles narraron asombrados el esplendor de Tenochtitlan. Lo que veían sus ojos no habrían podido imaginarlo ni ellos ni la otrora esclava indígena. Malintzin pasó de ser la esclava vendida en el mercado de Xicallanco a habitar el palacio de la máxima autoridad de aquellos a los que tanto temía y resentía. Ahora descansaba en el seno de lo más alto de la jerarquía militar, política y religiosa del poderoso Imperio mexica. Instalada en el palacio de Axayácatl, recibió el trato de una especie de princesa y durante más de cinco meses vivió rodeada de atenciones y de sirvientas. Hay una razón para ello: era la «lengua», la mujer del hombre de mayor importancia para todos, el poderoso «huésped» del gran tlatoani.

Si bien en este punto hay diferentes relatos sobre la actuación de Moctezuma ante los conquistadores, la realidad es que el que vivieran

tanto tiempo y con tantas deferencias, en el corazón del Templo Mayor, Malintzin lo interpretó correctamente: Cortés y sus hombres eran quienes tarde o temprano saldrían victoriosos de aquel encontronazo de dos mundos; serían los vencedores. Ella no podía dar marcha atrás por su intuición natural de supervivencia, que le dio una temprana claridad en semejantes momentos: para el mundo indígena, ella era un personaje de importancia y poder. Doña Marina era parte del nuevo y poderoso pueblo que enfrentaba a los mexicas y que, al final, los sometería.

Durante su estancia en el Templo Mayor, doña Marina no se separó de Cortés en ningún momento. La tensa calma previa a la batalla estuvo colmada de reuniones y entrevistas que doña Marina interpretó para Cortés con astucia. En este punto de la historia, su dominio del castellano era ya evidente; su inteligencia, probada. Su impecable trato personal la llevó a convivir con los hijos del mismísimo Moctezuma, en especial con dos de sus hijas, las princesas Ichcaxóchitl Tecuichpo y Xipaguazin. Después, ya cristianizadas, se llamarían Isabel y María Moctezuma. Todas ellas formarían parte, junto con Malintzin, de la primera generación mestiza de Nueva España. Marina mantuvo también una relación cercana con la hija del rey Xicoténcatl de Tlaxcala, Tecuelhuetzin, bautizada como doña María Luisa Xicoténcatl, mujer del rubio Pedro de Alvarado, del «sol», o «Tonatiuh», como lo llamaban los indios.

Tras reponerse de la impresión de haber visto a la cara al gran tlatoani, acto prohibido y castigado con la muerte en otros tiempos, y tras haber traducido las palabras del gran Moctezuma, la intérprete recorrió las calles de la ciudad, seguramente asombrada por lo lejos que había llegado. Un destino que consideraba que debían seguir los opositores de Cortés: ponerse de su lado. Según las crónicas de fray Bernardino de Sahagún, ella trataría de persuadir a los señores mexicas, en todas las audiencias en las que participó, de no oponer resistencia bélica a los españoles y de aceptar la religión católica. Había visto de cerca que sus armas tan avanzadas los hacían muy superiores, además, estaban los miles de indígenas de los pueblos sometidos que los apoyaban. Conminó a los sacerdotes y militares a no permitir que murieran más niños y ancianos por una guerra, pues lo consideraba innecesario.

Malintzin entendía que enfrentar a los españoles presentes en ese momento en Tenochtitlan no sería suficiente para alejarlos definitivamente. Tenían la habilidad de traer de muy lejos a cientos de hombres más. Esta interpretación de Malintzin resultó cierta: Cortés echó mano de hombres y recursos materiales provenientes del exterior durante los siguientes meses, lo cual terminó siendo la clave de la conquista. Para los mexicas era inimaginable llegar al corazón de la ciudad donde se encontraba el poder supremo de los españoles, vencerlos y evitar que llegaran otros a amenazarlos. Les resultaba impensable llegar a la corte de Carlos V, todavía estaban muy lejos de ese conocimiento, de esas poderosas armas para lograrlo. Cortés y sus hombres, por su parte, sí lo hicieron; estaban instalados en el corazón de poder supremo del mundo prehispánico. Y en ese álgido punto, Malintzin, doña Marina, también estaba instalada con ellos.

Las conquistas se tratan de lucha, de resistencia, de guerra y de muerte. Evidentemente, los mexicas no estaban dispuestos a dejarse vencer por los recién llegados, y mucho menos por los pueblos «inferiores» que apoyaban a sus enemigos. Darían la batalla por defender su autoritaria hegemonía, por volver a someterlos a todos bajo su mando e imponerles su eficiente red tributaria, con los sacrificios humanos que demandaban sus sedientos dioses. Defenderían el Imperio mexica hasta las últimas consecuencias, imperio que sometió durante doscientos años a cholultecas, tlaxcaltecas y totonacas. Como señala Miguel León Portilla, Hernán Cortés únicamente organizó a los inconformes en favor de su guerra contra los mexicas.

Después de la matanza de Tóxcatl en el Templo Mayor, en mayo de 1520, cuando Pedro de Alvarado —en ausencia de Cortés, quien había ido a Veracruz para someter a Pánfilo de Narváez— atacó a los mexicas desatando el averno, masacrando a los principales guerreros y nobles que participaban en el festejo, los jóvenes guerreros tenochcas se organizaron para rodear y enfrentar a De Alvarado y demás lugartenientes que permanecían en el palacio de Axayácatl. No estaban dispuestos a tolerar más esa ambigua situación. Malintzin, por su parte, acompañó a Cortés en la aventura contra Narváez. Y aunque Cortés salió victorioso y obtuvo refuerzos —la ambición de los aventureros recién llegados y la personalidad del capitán hicieron que se unieran fuerzas y recursos a su causa—, el capitán extremeño no tuvo tiempo de festejar el triunfo. Partieron casi de inmediato de regreso a Tenochtitlan al recibir noticias de la violencia desatada en el Templo Mayor. Un mes les tomaría llegar a la gran ciudad, la cual encontraron hostil, muda, en vigilia, pero en franca rebeldía por parte del pueblo mexica.

Pedro de Alvarado se justificó ante Cortés; doña Marina tradujo a Moctezuma, el prisionero, quien pidió que le dejaran calmar a su pueblo. El momento para ella y el resto de los españoles era crucial: si permanecían en el palacio, morirían. Nada se podía hacer por evitar la contienda. Moctezuma falleció unos días después debido a las heridas causadas por las piedras que le lanzó su pueblo en el fallido intento de pacificarlos con un discurso. Existe el debate de que en realidad murió por heridas causadas por los españoles. Sin embargo, eso resulta poco probable, pues es un hecho revelador que, en su lecho de muerte, el monarca encomendó a Hernán Cortés el destino de sus amadísimos hijos, Chimalpopoca y Tecuichpo, de cinco y siete años, respectivamente.

Los mexicas se organizaron bajo el mando del hermano de Moctezuma, el aguerrido Cuitláhuac, el nuevo tlatoani, el penúltimo en la historia de su estirpe. Emprendieron la batalla contra los invasores y los obligaron a desalojar la ciudad. Malintzin contemplaría por última vez la grandeza de esa civilización que, aunque su enemiga, era de las más esplendorosas que ella conocía. Eran los albores del fin de un mundo y el nacimiento de otro. Estaba ante el fin de un imperio que, según su historia, había visto morir y nacer cinco soles.

Durante la huida en la célebre «Noche Triste», a la media noche del lluvioso 30 de junio de 1520, entre truenos y granizo, doña Marina saldría huyendo también por la calzada de Tlacopan —hoy Tacuba, la avenida más antigua de México—. Huyó junto a Cortés, Pedro de Alvarado, Bernal Díaz del Castillo y alrededor de ocho mil hombres —solo mil trescientos de ellos eran españoles—, además de ochenta y cinco caballos, artillería, decenas de lingotes de oro fundido durante casi seis meses, plata, joyas y otro importante tesoro: los nobles hijos de los señores principales del mundo prehispánico: Chimalpopoca y Tecuichpo, hijos consentidos de Moctezuma. Con ese «tesoro» humano, Cortés injertará el mestizaje para siempre en el Nuevo Mundo. El proyecto cortesiano con el que funda una nueva nación se pone en marcha.

Al otro lado de la orilla del enorme lago de Texcoco, al amanecer de aquella noche, el hecho de que Malintzin siguiera con vida fue motivo de gran alegría para muchos, según cuenta De Sahagún. Entre ellos, el capitán extremeño que, aunque literalmente lloró las cuantiosas pérdidas de hombres, caballos, armas y oro de esa noche, lejos de estar acabado, regresaría un año después a consolidar la conquista del Imperio mexica. Una vez más, doña Marina estuvo a su lado. Su valiente y fiel compañera de batallas.

Por su parte, los tlaxcaltecas seguían apoyando a los conquistadores y los recibieron tras la derrota. Cortés sometió a los pueblos aliados de los mexicas en la ribera del lago de Texcoco, fortaleciendo su campaña de contraataque. En ese momento el capitán mandó construir los trece bergantines con los que se llevará a cabo, esta vez por tierra y por agua, el terrible sitio de Tenochtitlan, para asestarle el golpe final. Velas, anclas, clavazón, timones, agujas, cables y jarcias; todo lo servible de los

restos de los barcos desarmados y hundidos en los que llegó de Cuba, fueron cargados por las tlaxcaltecas desde Veracruz hasta las manos de los nuevos carpinteros indígenas que realizarán la hazaña de construir lo que nunca imaginaron.

Durante el sangriento sitio a Tenochtitlan, Malintzin adquiere cada vez mayor importancia y cercanía con Hernán Cortés. Siempre está dispuesta a aconsejarlo y a interpretar todo cuanto fuera necesario para preparar la batalla final. La viruela, traída por un hombre de Pánfilo de Narváez, azota de forma implacable a los mexicas dentro del sitio. Mueren miles en el islote, incluido Cuitláhuac, casado entonces con Tecuichpo al regresar ella a Tenochtitlan. Cuauhtémoc es nombrado tlatoani, el último. La apocalíptica enfermedad favorece la balanza inesperadamente hacia Cortés. Los mexicas mueren de forma espantosa. Además, Cortés ya había detenido el suministro de agua y alimentos al Templo Mayor. El infierno se desata para los que ahí sufren su agonía. Miles de hombres, mujeres y niños perecieron de enfermedad y hambre.

Como última medida, los mexicas piden hablar con Malintzin, por su cercanía a Cortés. Ella escucha y lleva el desesperado mensaje: solo se rendirán si los españoles regresan al mar. Cortés jamás lo aceptará. No serviría de nada, pues llegarían miles más, les explica nuevamente Malintzin. Los combates por agua duran entre setenta y noventa días, ataques sistemáticos para defender la otrora capital del mundo prehispánico. Por fin, el 13 de agosto de 1521 apresan a Cuauhtémoc en una canoa que navega en el lago. Así se extinguió para siempre el quinto sol mexica. México-Tenochtitlan caía para la eternidad.

Los meses posteriores representaron una época de serenidad para doña Marina. Ella y Cortés vivían juntos en la casa del antiguo jefe mexica, en el idílico y fértil paraje de Coyoacán. Cortés instaló también el poder político, el ayuntamiento, en el palacio de la localidad. Actualmente, el solar o terreno donde se encontraba la casa de ambos se ubica en la plaza de La Conchita, alrededor de la hermosa capilla de la Inmaculada Concepción, que el mismo Hernán Cortés mandó construir a su llegada a Coyoacán. Por su parte, el solar donde se encontraba el ayuntamiento se ubica hoy en el Jardín Hidalgo del centro de Coyoacán, alcaldía al sur de la actual Ciudad de México.

En Coyoacán permanecerán alejados del hedor y la muerte de la derruida Tenochtitlan, mientras se dan las condiciones necesarias para fundar la nueva ciudad española, justamente sobre las ruinas de lo que había sido el centro de poder más importante del mundo prehispánico.

Durante esa época en Coyoacán, Malintzin vivió una vida ordinaria al lado de Cortés —aunque este sostenía simultáneamente relaciones con otras mujeres— y trabajó con él en la organización de los tributos de esos primeros tiempos. Un año después, en 1522, Malintzin se convirtió en madre. Nació su primer hijo y el primer hijo varón de Hernán Cortés.

«Habrá sido profundamente consolador ver que Cortés recibía al niño con ilusión y le daba el nombre de su propio padre. Pues, sin eso, nadie sino ella hubiera llamado al niño un tesoro, un collar preciado, una rica pluma, una preciosa piedra verde», señala Camilla Townsend sobre el nacimiento de Martín Cortés *Malintzin*, o Martín «el mestizo», como se le conocería después, para diferenciarlo del segundo Martín Cortés, hijo del conquistador con su segunda esposa, Juana de Zúñiga.

Con el nacimiento de su hijo Martín, Malintzin quedó eternamente ligada al Nuevo Mundo de la manera más íntima. Su hijo es la raza nueva de ese mundo que nacía, de ese pueblo nuevo, del pueblo mestizo. Su padre era el español Hernán Cortés y su madre, la indígena Malintzin. Pero la de carne y hueso, la mujer que sí existió, no el mito.

En esos mismos meses de la fundación del proyecto cortesiano llegó a Coyoacán, procedente de Cuba, Catalina Suárez Marcaida, la esposa de Hernán Cortés desde sus años caribeños. Esto no le hizo ninguna gracia al ocupadísimo y encumbrado capitán, quien un par de meses después, en octubre de 1522, obtuvo la gloria por parte del emperador

Carlos V: lo nombró gobernador, capitán general y justicia mayor de la Nueva España. Entonces se convirtió en el hombre más poderoso del Nuevo Mundo, y doña Marina sería su compañera.

Mientras que la relación del gobernador con doña Marina fluía de modo natural, el matrimonio con Catalina estaba ya muy deteriorado. Hacía cuatro años que no se veían. A Catalina tampoco le hizo ninguna gracia conocer la vida que llevaba su esposo. Se puede entender el malestar que sentía por el nacimiento del hijo de Malintzin, además del hecho de que el conquistador y su intérprete no se separaban ni un instante. Catalina no había tenido hijos con Cortés y murió en circunstancias misteriosas al poco tiempo de su llegada, una noche después de una cena en la casa de Coyoacán, tras una acalorada discusión con el extremeño, lo que lo hacía el principal sospechoso. Aun cuando se inició un juicio contra su persona en los años posteriores, nada se le pudo comprobar.

A principios de 1524, la sublevación de Cristóbal de Olid, hombre cercanísimo y de todas las confianzas de Cortés, durante la expedición a las Hibueras, hoy Honduras, cambió dramáticamente el cauce de los acontecimientos. En un acto inexplicable de lealtad extrema, o quizá de amor verdadero, doña Marina dejó a su pequeño hijo, de apenas dos años, encargado en la Ciudad de México, lugar donde ya habitaban, y el 12 de octubre de 1524 volvió a partir al lado de Cortés rumbo al Caribe. El gobernador se lo pidió de manera insistente, no iría a esa nueva aventura sin ella. Necesitaba su destreza como intérprete y los consejos de aliado que siempre encontró en Marina.

Una gran comitiva integró la desastrosa campaña a las Hibueras, Cortés incluso llevó con él a Cuauhtémoc y Tetlepanquétzal, para evitar que en México comenzara una rebelión en favor del aún cautivo tlatoani. Durante esta nueva campaña, la vida de Malintzin dio un último giro definitivo. Cortés, en una maniobra irracional, que puede entenderse como un acto de protección y profunda empatía para la época, organizó la boda de Malintzin con un hombre que lo había acompañado fielmente desde la llegada a Veracruz años atrás: Juan Jaramillo, su lugarteniente y segundo de a bordo en esa nueva expedición. Jaramillo, por su parte, hacía tiempo que admiraba la belleza, inteligencia y entereza con que Malintzin había llegado hasta ahí. Al casarse en cristiano matrimonio con un español, justo antes de pasar al terruño de su infancia, en público y ante testigos, cambió definitivamente su destino. Su situación de vulnerabilidad como esclava, amante y mujer cambiaba para siempre al recibir derechos legales.

Durante la semana que Malintzin pasó en Coatzacoalcos, se encontró con su madre y su medio hermano. Era algo extraordinario, inimaginable para una niña que había sido vendida como esclava, regresar a su lugar de origen, libre y poderosa. Había alcanzado una posición impensable. Ahora estaba casada y tenía un hijo del gobernador de la Nueva España. Quizá incluso tuvo contacto con otras personas de su niñez; tal vez tuvo la oportunidad de decirles lo que llevaba dentro. «Para quien de niño ha sido vendido como esclavo, es un lujo, un improbable sueño hecho realidad», señala Townsend. Como regalo de boda, Cortés le entregó la encomienda de Olutla y Tetiquipaque, las tierras de su infancia. No existe registro sobre si la conservó de manera permanente, pero el hecho habla de su absoluta capacidad para adaptarse a esos tiempos tumultuosos. Según los registros, solo tres personas indígenas recibieron el privilegio de la encomienda permanente, las dos hijas de Moctezuma y don Juan Sánchez, un poderoso cacique de Oaxaca.

No se puede traicionar a lo que no se pertenece

Acerca del mito según el cual Cortés la regaló a un subalterno borracho, es poco probable. Ella no lo habría aceptado. Francisco López de Gómara se equivoca al interpretarlo así en la biografía de Cortés. En su favor, Bernal Díaz del Castillo, quien sí conoció a doña Marina, escribió:

«La Doña Marina tenía mucho ser y mandaba absolutamente entre los indios en toda Nueva España. No era alguien a quien nadie hubiera podido obligar a casarse con un hombre borracho e inepto al que no quisiera como esposo».

En el camino a las Hibueras comenzó la debacle del conquistador. Torturaron a Cuauhtémoc y lo colgaron de una ceiba, bajo la continua sospecha de un alzamiento indígena en su nombre. Cortés se equivocó y eso, aunado a su crueldad, fue mal visto por sus hombres. El 28 de febrero de 1525 murió el último tlatoani mexica. La expedición resultó en un enorme costo para el gobernador de la Nueva España y, a partir de entonces, los problemas se sucedieron uno tras otro.

Tres años se tardó Malintzin en volver a abrazar a su hijo. A su regreso a la nueva Ciudad de México, vivirá en una casa magnífica con su esposo y Martín. La hazaña del regreso la fortaleció aún más; después de su matrimonio, el poder para protegerse a ella misma y a sus hijos fue definitivo. Un año después nace su hija, María, a quien llamó como a la virgen. La posición de Jaramillo también adquirió relevancia en la pujante ciudad. Era un buen destino para ambos. Malintzin, increíblemente, había llegado hasta ahí tras incontables vicisitudes. Jaramillo, por su lado, se contó entre los veintiún sobrevivientes de los ciento treinta y cinco conquistadores que iniciaron la conquista de México.

La extraordinaria vida de esta mujer fue breve. Malintzin murió antes de cumplir treinta años, alrededor de 1528-1529, probablemente víctima de una de las múltiples epidemias de viruela. Al momento de su muerte, Martín Cortés era un niño de cinco años. La pequeña María era apenas una bebé que no había cumplido los tres años. Se extinguía la vida de la mujer indígena de la conquista de México, la mujer que supo reinventarse una y otra vez, al filo del fin del mundo.

El hecho de que Cortés no se casara con ella es una interrogante más de esta época. En su tiempo, la admira, la ama. Es su compañera en muchas formas. Su primer varón nace de ella. Reproduce con ella, en

Martín, en carne y sangre propias, el proyecto de fundar un nuevo pueblo. Era ya marqués del Valle, el mayor de sus logros: un marqués europeo con hijos de sangre indígena. La consumación de su ideal de sembrar otra nación, una nación mestiza que avanzaba vertiginosamente. Por otra parte, Cortés tampoco se casó con Tecuichpo, la hija de Moctezuma. Con ella tuvo a su hija Leonor. De haberse casado con la princesa mexica, habría tenido demasiado poder, demasiada alcurnia y nobleza frente a la Corona española. No se atrevió. Prefirió, a su regreso a España, casarse bajo las reglas del mundo del rey. Desposó a Juana de Zúñiga, hija del conde de Aguilar. Tuvo seis hijos con ella. Sin embargo, la trajo de regreso a sus amadas tierras novohispanas. Se instalaron en Cuernavaca, en el robusto palacio del marqués del Valle, hoy Palacio de Cortés, en el centro de la primaveral ciudad. Cortés se encargaría de la crianza de Martín mestizo, con la misma cercanía y cariño que con el otro Martín, el hijo de Juana.

El marqués del Valle murió en España, veinte años después del fallecimiento de Malintzin, tratando de regresar a territorio novohispano. Los hijos de aquella niña esclava/mujer indígena vivieron vidas adultas y plenas. El mundo que fundaron ellos y miles más que vivieron en aquellos tiempos convulsos prevalece hasta nuestros días. Hoy, ese mundo es México. Nuestra nación mestiza: española e indígena.

Casi cuatrocientos años después de que Malintzin dejara de existir, a finales del siglo XIX, en 1895, el término *malinchismo* apareció por vez primera en la obra literaria anónima *Tonantzin*. Cuatro siglos después se le condenó a la leyenda oscura e imprecisa de su traición a lo propio, lo cual es incorrecto. No corresponde a la mujer de la que habla esta historia. No traicionó a nadie que le fuera suyo. No le corresponde esa lápida. Malintzin enfrentó la conquista con la fuerza de su templanza y carácter. Con lo mejor de sus recursos. Hizo lo mejor que pudo. Su vida es, sencillamente, una parte indivisible de la fundación de México. Sin condena. Sin adjetivo. Sin malinchismo.

II. Tecuichpo, doña Isabel Moctezuma

Pequeña flor de algodón

México-Tenochtitlan, c. 1509 -
Ciudad de México, 1550

Cuando Tecuichpo tenía diez años, empezaron a llegar las noticias de la costa que preocupaban a su padre. Unos hombres barbados, vestidos de hierro y montados en grandes venados, habían llegado en unas como sierras que avanzaban por el mar...

VIRGINIA ARMELLA DE ASPE

ació Ichcaxóchitl Tecuichpo y murió doña Isabel Moctezuma. Nació princesa mexica y murió noble dama novohispana. Primera mujer dueña y señora de una encomienda. Ichcaxóchitl Tecuichpo la llamaron en náhuatl al nacer. «Flor de algodón», «flor blanca» significaba el primer nombre; «hija del señor», el segundo. En la pila bautismal cristiana, Isabel Moctezuma fue el nombre que Hernán Cortés escogió para ella por su innegable linaje imperial y en honor a Isabel I de España, *la Católica,* reina de Castilla.

Tecuichpo escuchó por primera vez sobre la llegada de los españoles a las costas del imperio en las regias cámaras del palacio de su padre, siendo una niña de apenas diez años. No imaginaba que vería la caída de México-Tenochtitlan y encarnaría el nacimiento de la Nueva España. Tampoco que sería la última princesa mexica, la esposa de Cuitláhuac, de Cuauhtémoc, Señora del Anáhuac dos veces, mujer de Hernán Cortés, nuevamente esposa, en seis ocasiones, viuda cinco más y dueña del pueblo de Tacuba al ser la primera mujer en poseer una encomienda en Nueva España. Sin embargo, sí supo que sería por siempre *la hija de Moctezuma,* la amadísima Tecuichpo, su «capullo de algodón». Certeza que incluso hasta nuestros días corre por las venas de los más de novecientos individuos que, en México y España, son herederos de su linaje y real apellido: los *Moctezuma*.

Ichcaxóchitl Tecuichpo nació en las entrañas del Imperio mexica a finales de la primera década de 1500. Hija amadísima y favorita del emperador Moctezuma Xocoyotzin, noveno huey tlatoani de Tenochtitlan y de la princesa Tecalco, hija del rey Ahuitzotl de Tlacopan (Tacuba Azcapotzalco). Su infancia transcurrió en las imponentes casas del palacio de su padre, el hombre más poderoso que había sobre las tierras del Nuevo Mundo. Tecuichpotzin, con el reverencial *tzin*, era su primogénita y a todas luces su hija predilecta. Gozó de la ternura, el afecto y el amor de su padre. A pesar de los estrictos cánones y el rigor con que se educaba a los jóvenes mexicas, existe registro del especial cariño que Moctezuma sentía por su hija mayor. Predilección incluso a pesar de que el tlatoani tuvo numerosas esposas y concubinas que, a la llegada de los españoles, se calcula que le habían dado decenas de hijos, pero únicamente diecinueve de ellos fueron reconocidos por el gobernante.

En la lujosa corte de Moctezuma, Tecuichpo vivió una niñez rodeada de la gloria, el poderío y la dominación que ejercían los mexicas sobre todos los pueblos del Anáhuac. Su hermano Axayácatl Chimalpopoca, dos años menor que ella, era el heredero al trono y también gozaba del cariño del tlatoani. Ambos niños compartirían el momento crucial del fin de su era y de su imperio. Chimalpopoca nunca llegaría a ser emperador. Murió huyendo de su propio trono durante la sangrienta «Noche Triste».

Princesa en excéntrica y portentosa corte

Previo a la debacle, en los momentos más brillantes de su reinado, el palacio de Moctezuma, a un costado del gran *teocalli* o Templo Mayor, lugar donde hoy se encuentra el Palacio Nacional, fue el escenario donde el tlatoani desplegó toda la fuerza de su investidura. Las crónicas de los españoles no dejan lugar a dudas. Los maravillados conquistadores nunca habían visto nada igual. Las casas del emperador, las nuevas casas de Moctezuma, como se le conocieron después de la Conquista, relucían de entre las calzadas y los canales de la capital del imperio. Ahí, en el centro mismo de Tenochtitlan, destacaban los aposentos del gran tlatoani.

A pesar de la moderación de sus antecesores, Moctezuma Xocoyotzin olvidó la sencillez y la piedad de su juventud. Era soberbio y propenso a los excesos y al lujo. El antepenúltimo emperador mexica fue un sacerdote exigente en materia de tributos y cautivos para los sacrificios humanos. Bajo su liderazgo como valiente guerrero, el imperio abarcó extensos límites territoriales y un esplendor sin parangón en la historia del valle central. También hacía alarde de omnipotencia: le transportaban en andas como parte de un ostentoso cortejo y sus súbditos no podían verlo a la cara, o merecerían la muerte.

Tecuichpo nació y vivió dentro de esa opulencia, junto con otras mil mujeres: señoras, esclavas y criadas al servicio de su padre. Según algunas fuentes, a la llegada de los españoles tenía diecinueve hijos legítimos y cincuenta concubinas embarazadas. Pero, en el caso de su primogénita, este nunca disimuló su enorme preferencia por ella. Además de reconocerla como su hija legítima desde su nacimiento, tal como lo exigía la rígida costumbre dinástica, Moctezuma fue más allá. Le profesó siempre un tierno y evidente amor. A «su copo de algodón, su blanco capullo, ligera, suave y cándida niña, su Tecuichpo».

La pequeña princesa gozaba de aquel maravilloso mundo colmado de lujo y excentricidades. En el palacio había un adoratorio forrado de oro y plata, con incrustaciones de piedras preciosas como topacios, esmeraldas y rubíes. A un costado de los aposentos privados, el zoológico de Moctezuma contaba con cientos de aves exóticas, así como diez estanques de agua con diversos peces magníficos que completaban el edén artificial. Lobos, zorros y distintos felinos eran también inquilinos del sorprendente zoológico de los jardines de Tenochtitlan. El magnífico palacio tenía una veintena de puertas para entrar a sus distintas

cámaras y tres magníficos patios, en uno de los cuales había una fuente a la que llegaba agua pura y cristalina desde Chapultepec, a lo largo de un eficiente acueducto de carrizo, piedra y lodo.

En los aposentos del jardín vivían la familia y la servidumbre del tlatoani. Un mayordomo llevaba la administración de esa fastuosa casa, el *petalcatl*, quien se encargaba de todo lo que necesitara aquella multitud congregada en el palacio: la reina Tecalco, la princesa Tecuichpo y sus hermanos, su abuelo Axayácatl, las concubinas y sus hijos, los criados, pajes, cocineras, cantores y «truhanes», una especie de juglares cortesanos. También en el palacio vivía toda clase de individuos con alguna discapacidad. Los albinos eran considerados hijos del dios Sol, Tonatiuh. Una nutrida huerta, exquisitas flores, olorosos árboles frutales y un sinnúmero de plantas medicinales rodeaban el conjunto arquitectónico.

Aunado a esta singular cotidianidad, otro grupo de personas compartía el hogar de la pequeña Tecuichpo. Al centro del idílico jardín principal del palacio, en un no menos regio pabellón, vivían aquellos que gozaban de una «privilegiada condición»: los cautivos que, rodeados por un sagrado halo de respeto, casi de veneración, esperaban con serenidad y orgullo el momento en que su corazón, aún palpitante, fuera sacado de su pecho para ofrecerlo a la máxima divinidad, al dios siempre sediento de sangre, Huitzilopochtli. En diversas festividades, el número de sacrificios humanos en su honor, en la cúspide de su imponente templo, llegó a ser de miles, contando a los prisioneros de otros pueblos, que tomaban como tributo los guerreros águila y jaguar mexicas en sus temidas «guerras floridas».

La escritora Sara García Iglesias señala lo excepcional y contrastante que debió ser la infancia de Tecuichpo ante este hecho: «La niña iba cada día respetuosa y llena de temerosa curiosidad a contemplar a aquellos ungidos que entrarían directamente a la casa del sol, lugar de delicias, convertidos en alados espíritus dotados de libertad infinita

[...] En aquella corte refinada y bárbara, exquisitamente cortés e indiferentemente cruel, lujosa y pobre, creció Tecuichpo tan naturalmente como pez en el agua».

Sobre su vida cotidiana destaca otro aspecto fascinante: los alimentos que se servían en las casas de Moctezuma. No se conoció algo igual en la historia de las culturas mesoamericanas. En un exuberante ritual, trescientos a cuatrocientos jóvenes presentaban al tlatoani todo tipo de platillos y manjares, cada uno en braseros de barro. Se preparaban con todos los productos que se obtenían en el inmenso imperio: frutas, vegetales, insectos, carnes, e incluso pescado de las lejanas costas, que Moctezuma consumía, sentado sobre un cojín de cuero, acompañado por un séquito de seis ancianos notables. Sus sirvientes le acercaban agua para asearse las manos y la toalla, así como los platos que utilizaba para comer el poderoso señor; nadie más los usaba jamás. Moctezuma II había llevado la vida de su corte a un extremo fastuoso.

Así era el México-Tenochtitlan en el que Tecuichpotzin nació y pasó los primeros años de su infancia. Era el magnífico centro vital del intrincado Imperio mexica. Un imperio apuntalado por un complejo sistema de dominación y sometimiento, sobre numerosos y descontentos pueblos, dentro de un extenso territorio. Sus súbditos pagaban todo tipo de tributos, como alimentos, vestidos, joyas y armas. Los menos favorecidos, los que nada tenían, ofrecían a sus hijos e hijas.

La voraz recaudación de ese tributo era la base del imperio. Maíz, calabaza, frijol, chiles, pieles, plumas, aves, gemas. Todo lo que se produjera y se consumiera en sus tierras era obligatoriamente entregado a Moctezuma y a los mexicas. Y se supervisaba mediante una rigurosa contabilidad, fielmente representada en numerosos códices. Filas interminables de recaudadores locales transportaban cada año hacia Tenochtitlan toneladas de alimentos, vestidos de algodón, bultos de plumas, así como infinidad de objetos preciosos y animales raros. Por si fuera poca la pesada carga tributaria, miles de prisioneros de las

guerras floridas —hombres, mujeres y niños— eran tomados como prisioneros y sacrificados al nunca satisfecho dios de los mexicas, Huitzilopochtli.

Sobre ese imperio al filo del precipicio, Eduardo Matos Moctezuma, arqueólogo mexicano encargado durante las últimas décadas del rescate de las ruinas del Templo Mayor y descendiente de Tecuichpo, señala:

> El pueblo mexica —como muchos otros pueblos en la historia de la humanidad— se considera el pueblo elegido. Es el pueblo de Huitzilopochtli, el pueblo del Sol, como lo definió Alfonso Caso. La creencia en ese destino va a manifestarse de múltiples maneras. Está tanto en su poesía como en su forma de pensamiento. El mexica se ha vuelto dueño del mundo y más de trescientos cincuenta pueblos le rinden tributo. El mandato de sus dioses lo ha llevado a la grandeza y al odio, al control irrestricto de otros pueblos y a la lucha constante.
>
> A medida que crece el Templo Mayor la expansión militar aumenta y, con ella, el odio de quienes van quedando bajo su poder. Así, el germen de su propia destrucción queda incubado en cada grano de maíz que recibe de los pueblos tributarios el señor mexica, el tlatoani, el que tiene el poder del habla.

Final y principio en la piel y en las entrañas

Tecuichpo fue la hija predilecta de ese pueblo dueño de pueblos. Ese imperio era el que iba a heredar junto a sus hermanos. Por ende, su educación y su posición en la escala social eran las más altas, las más privilegiadas, como correspondía a la realeza. Pero su destino tomaría un inesperado giro. Al igual que Malintzin, viviría el final de los tiempos, el colapso del dominio mexica, la desaparición de su familia y el exterminio de sus creencias. Y de la misma manera que lo hiciera la célebre intérprete, Tecuichpo también se adaptó al nuevo mundo de manera sorprendente. Se transformó en otra mujer, con otro nombre y con otra fe, pero con la misma esencia y nobleza desde el inicio hasta el final de sus días, según refieren quienes la conocieron.

Retrocediendo en el tiempo, por el origen noble de su existencia —incluso por sus venas corría la sangre del venerado Nezahualcóyotl—, el nacimiento de Tecuichpo se celebró de manera extraordinaria y con enorme júbilo por todo el valle del Anáhuac. Los festejos y *mitotes* que tuvieron lugar en su honor se recordaron por mucho tiempo. En el seno de la familia mexica, los niños, desde el más noble hasta el más humilde, eran esperados y recibidos de manera entrañable, profundamente sensible, como si se tratara de un milagro. Los ancianos se reunían en la casa de la futura madre, familiares y amigos, emocionados, daban consejos y bendiciones sinceras por la llegada del recién nacido.

En años posteriores, la formación y educación que recibió Flor de Algodón fue muy esmerada, siempre en el ámbito doméstico, donde se desenvolvían las mujeres en las sociedades mesoamericanas. Tecuichpo dominó a la perfección el arte de tejer, heredado de generación en generación por las mujeres encargadas de su instrucción. Años después acoplaría con facilidad esa destreza artesanal en su desempeño como dama novohispana.

Siendo todavía una niña, antes de cumplir diez años, y bajo la exigente y rigurosa organización política de los mexicas, Tecuichpo fue casada por motivos dinásticos con su tío Atlixcatzin, hermano de su madre e hijo también de Ahuitzotl. Por ser tan joven, el matrimonio no se consumó. El noble mexica murió antes de la llegada de los españoles, con lo que ella se convirtió en viuda por primera vez.

Su vida, que transitó por seis matrimonios, tres con hombres mexicas y tres con españoles, fue registrando, en cada uno de ellos, los hechos de una historia que no solo protagonizó como las dos mujeres que fue, sino que encarnó, en la piel y en las entrañas, acontecimientos importantísimos de nuestra historia: la destrucción del imperio del que era

heredera y el nacimiento de la nueva sociedad mestiza novohispana, en la que también alcanzó gran poder e importancia.

José Miguel Carrillo de Albornoz narra:

> Estaba llamada a altos destinos y así lo dijeron los sabios cuando leyeron el libro sagrado para los padres de la recién nacida. Y no se equivocaban, porque aquella niña estaba destinada a ser dos veces emperatriz y había de tener seis maridos, tres de los cuales serían españoles y dejaría una prole que traería la sangre real mexicana hasta la lejana España.

Cuando los temores apocalípticos de su padre se recrudecieron y llegaron las noticias de que extraños «cerros» (barcos españoles) navegaban por las costas, se precipitó el momento en que Hernán Cortés y los españoles llegaron a vivir a Tenochtitlan en el palacio de su abuelo, Axayácatl, en el corazón de sus dominios y por órdenes del mismo Moctezuma, tras el célebre encuentro entre los dos poderosos hombres, el 8 de noviembre de 1520.

Durante aquellos meses de velado cautiverio, el todavía tlatoani se hacía acompañar por su «blanco capullo», por la niña de sus ojos, quien inocentemente hacía sus labores junto a él, en aquella tensa calma. Aquí, en su propia casa, fue donde conoció y convivió por primera vez con la poderosa Malintzin, una plebeya en palacio, en un incomprensible desorden de las cosas. Al paso de los meses fue testigo de la matanza de los sacerdotes durante la fiesta de Tóxcatl, perpetrada por Pedro de Alvarado en ausencia de Cortés. Tenochtitlan despertó del letargo para sitiar ferozmente a los españoles refugiados en Templo Mayor. Hernán Cortés regresó triunfante de someter a Pánfilo de Narváez en la costa, con más hombres y aliados indígenas. La ciudad entera, como una enorme trampa, le permitió entrar al palacio otra vez. En ese traumático momento, la vida de Tecuichpo se fundió simultáneamente y para siempre con la creación de un pueblo nuevo, mitad mexica, mitad español.

Moctezuma salió, obligado por Cortés, a un balcón para apaciguar el clamor de su pueblo, y le pidió pactar una tregua para que el español pudiera huir. Fue inútil. *El que habla*, el *huey tlatoani* al que antes respetaban, ya había sido prisionero por mucho tiempo sin poder emitir su palabra, por lo que había perdido todo poder. Moctezuma no representaba más *«al que habla»*. Ese era ya era otro, su hermano Cuitláhuac, el nuevo líder mexica, quien ferozmente guiaba a la muchedumbre en la revuelta. Ningún respeto sentían por el otrora emperador. No lo dejarán escapar con vida; ni a él, ni a sus huéspedes intrusos.

Según la versión más aceptada, Moctezuma es herido de muerte por las piedras que le lanza el pueblo enardecido, ante la insostenible situación. Moribundo, al filo del precipicio de su vida y de su tiempo, Moctezuma Xocoyotzin encarga el destino de su máximo tesoro, su Flor de Algodón, su consentida, así como a su hijo predilecto, Chimalpopoca, al mismísimo Cortés. Por la desesperada situación, la niña es arrancada del cuerpo sin vida de su amado padre para no verlo nunca más. Sin embargo, su papel como princesa mexica todavía no termina.

Tecuichpo huyó con los españoles, sus aliados indígenas y su familia durante la sangrienta y célebre Noche Triste, aquel 30 de junio de 1520. Su primo Cacamatzin la salva, cargándola sobre sus hombros por la calzada de Tacuba, inundada de muerte y desesperación; pero, al morir este, al igual que su madre y su hermano Chimalpopoca, y en medio de la confusión, Cortés, Bernal Díaz del Castillo y el resto de los fugitivos la pierden de vista. La joven es rescatada por los guerreros mexicas, que la reconocen y regresan al fantasmal palacio de Moctezuma; ahí, donde apenas un par de días antes había muerto su padre, se desencadena el principio del fin.

La pequeña, quien seguía recibiendo trato de princesa, fue visitada por su tío Cuitláhuac, actual tlatoani de la herida Tenochtitlan. Los sacerdotes le comunicaron que por fortuna habían sobrevivido también dos de sus hermanos, doña Marina y don Pedro, pero que sería

mediante su matrimonio con el emperador como podrían garantizar la continuidad de la estirpe y la dinastía de su pueblo. Tecuichpotzin, en apresurada pero significativa ceremonia, es casada con Cuitláhuac, quien de inmediato parte a enfrentar a los españoles. Tecuichpo sigue teniendo diez años y es reina por primera vez. Cumple con su destino en los momentos más aciagos del imperio, convirtiéndose en la esposa del gran señor, aunque solo fuera de nombre, pues es aún una niña.

En aquel semidesierto palacio, huérfana y unida en matrimonio a quien nunca veía, Tecuichpo sintió en carne propia el horror de lo que se avecinaba: la muerte implacable que llegó a América, como si hubiese cruzado el océano en la sangre de uno de los hombres que venían con De Narváez, un joven negro que se había unido a Cortés meses atrás, y que portaba, sin saberlo, la letal viruela negra que propagó por todo el valle del Anáhuac. Tecuichpo vio de frente el rostro de esa extraña muerte. Miles de indígenas se contagiaron de esta grave enfermedad, ya que no tenían los anticuerpos para enfrentarla, y en cuestión de unas semanas Tenochtitlan y los alrededores del lago estaban sembrados de cadáveres, los cuales, al estar al aire libre, propagaron aún más la epidemia. La viruela negra alcanzó al novel tlatoani Cuitláhuac y le arrancó la vida en cuestión de días.

Pero la pesadilla estaba lejos de terminar para la joven reina. Tras la muerte de Cuitláhuac, los sacerdotes volvieron a echar mano de su nobleza, casándola casi de inmediato con su sucesor, Cuauhtémoc, el último tlatoani que dirigiría Tenochtitlan.

La ciudad estaba francamente deteriorada. Durante los meses transcurridos tras la Noche Triste, Hernán Cortés reunió fuerzas en Tlaxcala para concretar su final, y esta vez certera, estrategia de conquista sobre el moribundo imperio mexica. Con la construcción de trece bergantines, Cortés logró cerrar los accesos de agua potable y provisiones a la devastada ciudad. Prácticamente dominó el lago y los pueblos de las orillas. El cruel y despiadado sitio al corazón azteca duró

noventa días. Peste, hambre y muerte la azotaron despiadadamente. México-Tenochtitlan, salvo por Texcoco, cayó sola, sin la ayuda de ningún pueblo prehispánico. La gran cantidad de enemigos acumulados durante los doscientos años de su rígido dominio inclinaron la balanza del lado de los españoles en su conquista. Por su parte, lo que vivió Tecuichpo en esos terribles días de destrucción y muerte la marcaría de por vida.

El 13 de agosto de 1521, Cuauhtémoc fue apresado en la embarcación en la que navegaba con Tecuichpo por el lago de Texcoco. Todos los intentos del tlatoani por superar a los españoles y romper el cerco fueron en vano. La segunda vez que fue reina de los mexicas protagonizó el momento en que sucumbió, para siempre, el grandioso imperio de su padre y de sus ancestros. Cayó finalmente México-Tenochtitlan: «Y cuando se bajó el escudo siendo nosotros vencidos, lo fue en el año tres casas y en la cuenta de días, uno serpiente».

En el mismo sitio y con las mismas piedras, convertirse en alguien más

Con el fin de los días de Tenochtitlan terminaron también los días de la primera parte de la vida de Ichcaxóchitl Tecuichpo. En cierta forma, Flor de Algodón quedó también enterrada debajo de aquellos escombros. La ciudad se rindió y los sobrevivientes salieron en busca de agua, comida y algún familiar en los alrededores. Comenzaba la etapa de construcción de una nueva ciudad, la de México, capital ahora de la Nueva España. Cortés ordenó erigirla en el mismo sitio y con las mismas piedras de lo que había sido el Templo Mayor. Tuvieron que pasar casi tres años para poder habitarla, por tal destrucción. Al igual que Tenochtitlan, Tecuichpo también tuvo que convertirse en alguien más. «En el mismo sitio y con las mismas piedras» se convirtió en otra mujer. Dentro de su mismo cuerpo, con su mismo corazón y mente, pero en otra mujer. Se convirtió entonces en Isabel Moctezuma.

Derrotados, ella y Cuauhtémoc fueron llevados a las casas de Hernán Cortés, en Coyoacán. La niña quedó bajo el resguardo del capitán, como se lo pidiera Moctezuma al morir. Recibió en la pila bautismal su nuevo nombre, en honor a Isabel I de España; como apellido, el de su padre, en reconocimiento a su legítima y real estirpe. Isabel vivió los años siguientes en el seno familiar de quien se convirtió en gobernador, capitán general y justicia mayor de la Nueva España. Una vez más, Tecuichpo-Isabel vivía en la sede del máximo poder político.

En Coyoacán, Isabel presenció los años amorosos de doña Marina y Cortés, el nacimiento del hijo de estos, la llegada y muerte de la primera esposa del capitán, Catalina Suárez Marcaida y, lo más impresionante para ella, el cautiverio de su aún esposo, Cuauhtémoc. Cortés lo mantuvo con vida, totalmente sometido, como una estrategia intimidatoria y para torturarlo en el frenesí de la búsqueda del tesoro de Moctezuma. Su violenta actitud le costaría posteriores acusaciones en el juicio de residencia en su contra, en 1528.

Mientras tanto, *Ixapeltzin*, como pronunciaban algunos cariñosa y melancólicamente *Isabel* en náhuatl, crecía bajo la nueva cosmovisión que le enseñaban quienes la convirtieron, literalmente, en otra mujer: los frailes misioneros recién llegados a la Nueva España. Un grupo de doce frailes franciscanos llegó a Veracruz, llamados por Cortés para iniciar la evangelización de los indios, en mayo de 1524. *Los Doce*, como se les conoció, se encargaron personalmente de la educación de Isabel.

Este hecho cambiaría por completo su visión de las cosas y del mundo. No solamente en ella. En su avance de Veracruz a la Ciudad de México, los frailes despertaron una enorme curiosidad en la población indígena por su aspecto y su trato. Eran muy diferentes a los otros españoles que conocían. Las vestimentas de los frailes no eran de hierro ni portaban armas. Su trato era abierto y bondadoso para con ellos. No tenían pertenencias ni buscaban más. Se interesaban por las cosas de los indios, les hablaban, trataban de entenderlos.

Fray Toribio de Benavente y los demás misioneros escuchaban con insistencia, a su paso a pie hacia el valle central, un rumor que repetían los indios: «motolinia, motolinia». Benavente se conmovió tanto al descubrir que quería decir *pobre* en náhuatl que decidió que ese sería su nombre para siempre, fray Motolinía. Esa condición sería su bandera. Las condiciones físicas de los franciscanos eran deplorables: hábitos rotos, descalzos, mal alimentados, fatigados por el viaje. Con esa férrea fe propagaron su religión en los nuevos territorios. Fueron los franciscanos los primeros en proteger a los indios de los abusos de los militares españoles. Las monumentales fortalezas mendicantes construidas tras la conquista hablarían por sí solas sobre dicha protección.

Los indios comprendieron que, incluso los más aguerridos conquistadores, hasta el mismísimo Cortés, se arrodillaban ante los frailes misioneros. En la plaza del Templo Mayor, todavía de pie, los recibieron con una ceremonia de bienvenida. Los rudos y crueles hombres los trataron con respeto y obediencia. Desde el inicio de su llegada fue evidente la autoridad y valía de esos hombres, a pesar de su sencilla apariencia.

Isabel, de quince años, se sintió cobijada por los religiosos. Ellos le dieron una razón de ser ante la pérdida de todo. Ilusionada, se unió con empeño a su labor evangelizadora. Mediante la religión cristiana, Isabel justificaría en su interior la tragedia de su pueblo: un castigo divino «por adorar al demonio». Tal creencia la transmitió a los indios, traduciendo sermones y dibujando los pecados en su catequesis. La joven bilingüe, la «niña *Ixapeltzin*», todavía era para ellos su reina, su protectora.

Durante la tortuosa expedición a las Hibueras, hoy Honduras, Hernán Cortés, al escuchar los falsos rumores de una sublevación, mandó ahorcar a Cuauhtémoc en Itzamkánac, capital del cacicazgo maya de Acalan, en el actual estado de Campeche; lo llevaba cautivo en la caravana. Todo cuanto quedaba de la vida que Isabel había tenido como Tecuichpo moría en 1525, con el último tlatoani mexica. A su regreso, el mismo Cortés se lo comunicó. Quedaba viuda por tercera vez.

Con el trato de una dama piadosa educada a la usanza española, Isabel era ya una joven de diecisiete años. Bella, con la dignidad y el porte que heredaba de sus raíces nobles. Tenía la admiración de españoles e indios por su personalidad y carácter, pero estaba nuevamente sola y sin bienes. Cortés decidió casarla con Alonso de Grado, visitador de Indias. Sería el primer matrimonio de tres con destacados españoles. Mediante una carta al rey, Cortés aseguró para Isabel una importante dote y dejó sentado un hecho histórico sin precedentes: le otorgó la encomienda de Tlacopan, en Tacuba:

> En nombre de vuestra majestad, como Gobernador y Capitán General de estas partes y porque de derecho le pertenece de su patrimonio y legítima, el señorío y naturales del pueblo de Tacuba que tiene 120 casas y Yeteve y Ixquilucan y Azcapotzalco, etc. [...] A la dicha doña Isabel en dote y aras, para que lo tenga y goce, por [...] heredad, para que lo tenga y lo goce para siempre jamás, con título de señora de dicho pueblo [...] fecha a 27 días del mes de junio de 1526. Por mandato del gobernador. A. Valente.

Con este hecho, Isabel Moctezuma se convierte en la primera mujer de toda América en ser dueña de tierras y naturales en Nueva España, de manera perpetua. Sin duda una posición muy ventajosa. Por ello morirá noble, católica, rica y poderosa, no sin antes vivir acontecimientos igual de sorprendentes como los que ya le había tocado vivir. Por convicción personal, sobre las ruinas de su mundo anterior fue capaz de conciliar el pasado con el presente. Y, de la forma que consideró correcta en tan duros tiempos, apoyó siempre a su pueblo lo mejor que pudo.

En un principio, el enorme valor de las encomiendas sobre los prehispánicos pueblos de indios representaba la mejor manera de gobernar, ya que permitía la expansión y eficiencia del control colonial. Se entendía como el derecho que otorgaba el rey a un súbdito, el encomendero, quien, por los servicios prestados a la Corona, recibía a cambio los tributos e impuestos del trabajo que efectuaban los indios en dichas tierras. Se pagaban en especie o en servicios personales. Por su parte, el encomendero debía cuidar de los indios tanto en lo espiritual como en lo terrenal: evangelizarlos. Doña Isabel cumplió a cabalidad con ese aspecto de su encomienda. A pocos meses del matrimonio, *Ixapeltzin* enviudó sin haber tenido hijos con Alonso de Grado.

Bernal Díaz del Castillo señalaba sobre la viuda por cuarta ocasión, en la única descripción que se tiene sobre ella de la época: «Muy hermosa mujer y moza [...] Es su rostro algo parecido al de los castellanos e su piel con matiz de india: sus ojos grandes, de mirar apenado, e negros; la nariz aguileña, la boca chica. Dijérase tiene el corazón en los labios, pues tal es su forma y el amor que pone en todos sus dichos y palabras».

Tras la muerte de su cuarto esposo, sola de nuevo, Cortés la lleva a vivir con él a Coyoacán y se da entre ellos una relación amorosa. Los motivos de esta relación quedarán velados de por vida. Algunos historiadores, como Christian Duverger, apuntan que Cortés no se casó con ella para no despertar las molestias del rey de España. Casarse con la hija del emperador mexica le daría un poder y una posición enormes. Cortés temía que los miembros de la corte lo acusaran de querer ser rey de los nuevos territorios.

Maternidades desiguales

José Miguel Carrillo de Albornoz, escritor español y uno de los actuales descendientes lejanos y directos de Isabel, asegura que Cortés le pidió matrimonio ante los frailes agustinos en Coyoacán y que ella aceptó, pero el capitán no se atrevió a concretar el matrimonio. Otros historiadores sostienen que Cortés la admiraba y la deseaba en forma turbia, al grado que abusó de ella. Si entre Isabel Moctezuma y Hernán Cortés hubo alguna relación amorosa, en aquellos momentos en que el capitán vivía

con varias mujeres a la vez, incluida Malintzin, no existe fuente alguna de la época que lo confirme. El hecho es que llevaba un hijo suyo en el vientre y el capitán no se casó con ella. La casó con otro notable español. La vida de la otrora princesa mexica estaba lejos de alcanzar la plenitud personal.

Pedro Gallego de Andrada aceptó unirse a ella a pesar del ajeno embarazo. A los seis meses del matrimonio nació su hija Leonor Cortés Moctezuma, en la Ciudad de México, en 1527. Isabel la rechazó y la alejó de su lado. Algunas voces señalan como causa de ese repudio el abuso de Cortés, otras lo atribuyen al hecho de que no se casó con ella. Lo cierto es que él se hizo cargo de Leonor y, aunque la envió a criar a casa de su primo, Juan Altamirano, también en la Ciudad de México, siempre le demostró interés y cariño.

Leonor Cortés Moctezuma nunca vivió con su madre; casi no se frecuentaron. La poderosa encomendera no la mencionó en su testamento; Cortés, sí. Incluso pidió el reconocimiento legal para su heredera y le asignó una importante dote a su muerte. Leonor, ya adulta, se casó con Juan de Tolosa, «el rico», a su vez conquistador de Nueva Galicia, actuales territorios de Nayarit, Jalisco, Colima, Aguascalientes y parte de Zacatecas y Sinaloa.

Dentro de la naciente sociedad de la Nueva España, Isabel pudo construir un hogar al lado de Gallego de Andrada. Volvió a ser madre; su amadísimo hijo, Juan de Andrada y Moctezuma, la llenó de vida y estaría siempre a su lado. A diferencia de su primogénita, se dedicaba afectuosamente al niño en cuerpo y alma. Algunos indios principales vieron en el pequeño Juan al descendiente legítimo de Moctezuma y le pidieron a Isabel que encabezara una rebelión contra los españoles. Ella se negó rotundamente y les recordó que ya no era su reina. Isabel era ahora una ferviente católica. Les pidió resignación por el funesto destino que tuvo el pueblo mexica y se aferró a vivir el futuro de la nueva mujer que era.

Pero en su destino estaba, una vez más, la muerte temprana de su esposo. En 1530, Pedro «murió de su muerte», como se referían a la muerte natural. Isabel, a los veintiún años, ya era una mujer respetada, rica e influyente, con hijos mestizos de gran alcurnia. La desvalida Tecuichpo había llegado a lo más alto de esa naciente sociedad novohispana y era pieza fundacional de esta.

Isabel escogió por voluntad propia su último matrimonio, el sexto, contraído con Juan Cano de Saavedra, quien había llegado de Cáceres a América con el conquistador Pánfilo de Narváez. Tuvieron cinco hijos: Juan, Pedro, Gonzalo, Isabel y Catalina Cano y Moctezuma. Llevaron una vida dichosa y tranquila en la Ciudad en México, la cual años después su último esposo relataría así:

> Mandáis que diga como quedé avecindado en esas partes y digo que me casé con una señora, hija legítima del gran Moctezuma, llamada doña Isabel, tal persona, que aunque se oviere creado en nuestra España no estuviera más enseñada e bien doctrinada e católica e de tal conversación útil e provechosa para el sosiego e contentamiento de los naturales de la tierra porque, como señora en todas sus cosas y amiga de los cristianos, por su respeto y ejemplo, más quietud y reposo se imprime en el ánimo de los mexicanos [...].

Como piadosa mujer y ferviente católica, también contribuyó en forma generosa a la construcción de un importante inmueble para la evangelización: el convento y templo de San Agustín, sede de los frailes agustinos, otra de las órdenes del clero regular que arribó tempranamente al virreinato, y después de la Biblioteca Nacional de México. Entre esos muros reposaron los restos de Isabel, al morir de causas naturales en julio de 1550. Un altar dedicado a santa Mónica, madre de san Agustín, es la última morada de aquel «capullo de algodón», de la amadísima hija de Moctezuma Xocoyotzin. La sobria placa únicamente dice:

d. isabel moctezuma 1509-1550. Hoy sus restos están desaparecidos, por causas que aún se desconocen.

Emotivamente, Carrillo de Albornoz resume el sentido de su vida en la novela histórica *Memorias de doña Isabel de Moctezuma*:

> Yo nací cuando reinaba Huitzilopochtli sobre los cielos del Anáhuac, y Moctezuma II Xocoyotzin sobre un rico y populoso imperio. Viví como princesa legítima del imperio. Gocé de los últimos años del antiguo orden. El mundo giraba en torno nuestro. Nada ni nadie osaba resistirse a la voluntad del Terrible Señor, mi padre. Sus deseos eran órdenes para todos, y sus leyes regían muy diversos territorios que estaban sometidos a los mexicas. Entonces llegó Cortés y todo cambió. Su presencia había sido anunciada por los astros. El mundo que tú conoces es fruto de ese encuentro difícil; del cataclismo que la colisión de los pueblos mexica y español produjo. Todo se alteró. El destino deparaba un nuevo y extraño rumbo al pueblo dominador de antaño. Los dioses sanguinarios callaron, pero también lo hicieron los poetas y los trovadores. Una era de sangrientos cambios caía sobre Tenochtitlan. Yo la sobreviví, pues así lo dispuso mi destino. Casi podría decir que me sobreviví a mí misma. Yo era Tecuichpo Ichcaxóchitl. A la muerte de tu abuelo fui elevada al rango de emperatriz. Odié a los españoles y luego los amé. Desprecié a su Dios y luego creí en él. Un terremoto de cambios derrumbó mi interior, pero supe construir algo hermoso sobre esas ruinas. Entonces nació Isabel de Moctezuma y con ella una nueva esperanza para muchos que se habían perdido a sí mismos en las tinieblas de lo desconocido.

Los hijos de Isabel Moctezuma hilaron el tejido de la primera generación de mexicanos, de auténticos mestizos. Lo que vivieron, a lo que se dedicaron, lo que creyeron y lo que amaron fue el principio y la base de nuestra historia. Ese crisol en el que nos fundieron a los mexicanos con dos metales vitales se llamó Nueva España. El interés por el periodo

virreinal y todo lo materializado durante esos casi tres siglos se debe a que en ellos está el germen de lo mexicano, pues en estas tierras, apunta Armella de Aspe, «lo que no se revolvió por la sangre, se revolvió por las ideas, por la cultura, por el paisaje [...]».

Por su parte, el viudo de Isabel, Juan Cano de Saavedra, llevó a España a dos de sus hijos. Gracias a su descendencia en Cáceres, su tierra natal, la sangre prehispánica de Moctezuma se ha mezclado por casi quinientos años con ilustres linajes de diversas casas de nobles. En la Nueva España, Leonor Cortés Moctezuma y Juan de Andrada y Moctezuma sembraron a su vez varias ramas de su descendencia que llegan al México de nuestros días. En ambas naciones, alrededor de novecientas personas llevan en la sangre el linaje del máximo emperador mexica, Moctezuma, y el de su amadísima hija Tecuichpo, su flor de algodón; la sangre de la mujer que entre dos mundos abrió mente, corazón y espíritu para asimilar, mediante lengua, religión y costumbres, otra cultura. La nuestra.

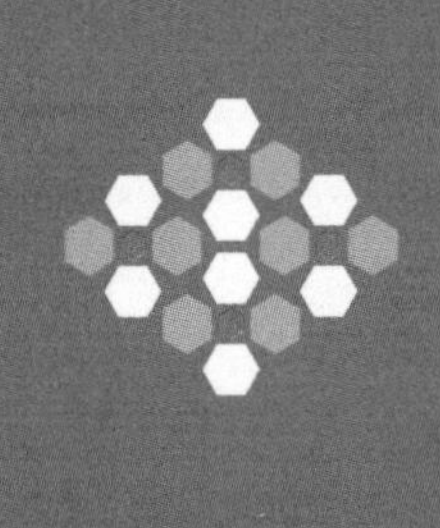

México virreinal

III. Mirra, Catarina de San Juan

La china poblana

India (lugar desconocido), c. 1606 -
Puebla, 5 de enero de 1688

La china poblana es la legítima hija de México. Al igual que la Virgen de Guadalupe,
la china poblana viste colorido traje en el que están representados los colores de la bandera nacional: verde, blanco y rojo.
Ambas imágenes son anteriores a 1821, antes de la consumación de la Independencia y de la adopción de la bandera cuyos colores han permanecido como símbolo nacional.

GRACIA MOLINA ENRÍQUEZ

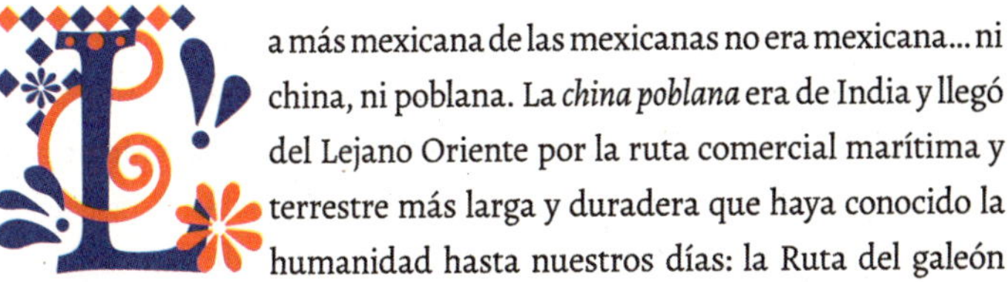

La más mexicana de las mexicanas no era mexicana... ni china, ni poblana. La *china poblana* era de India y llegó del Lejano Oriente por la ruta comercial marítima y terrestre más larga y duradera que haya conocido la humanidad hasta nuestros días: la Ruta del galeón de Manila. Mirra o Catarina de San Juan, entre sedas, porcelanas, biombos y marfiles, llegó a costas mexicanas desde Manila, Filipinas, hasta Acapulco, Nueva España; cruzó el océano Pacífico a bordo del mítico galeón de Manila o nao de China, en enero de 1625. Se trataba de una princesa que había sido vendida como esclava y que, además, se llegó a considerar una visionaria, una beata, casi una santa.

Esta singular mujer se convirtió en el emblema de la mexicanidad, en uno de los símbolos de lo que es ser mexicano. Pero en realidad esa es solo su leyenda. A finales del siglo XIX, literatos e historiadores costumbristas como Manuel Payno y Guillermo Prieto ensalzaron y hasta «exageraron», en el caso de Antonio Carrión, su aspecto físico, su santidad, su atuendo y los hechos de su vida, pero sin tomar en cuenta sus verdaderos orígenes. Eran tiempos en los que la nación buscaba una identidad y la china poblana se consolidó como eso: un símbolo de nuestra raza, romántica y brava, como señalaba Salazar Monroy. No obstante, la vida de esa princesa, que llegó de India a la Puebla novohispana en enero de 1625, fue muy distinta, aun más fascinante que la leyenda misma. Para empezar, el viaje de la joven Mirra pareciera sacado de un cuento.

A finales del siglo XV, el virreinato de la Nueva España materializó una de las hazañas más sobresalientes de la historia de la náutica y del comercio. Doscientos cincuenta años duró la llamada Ruta del galeón de Manila, que unía a tres continentes, Asia, América y Europa, por los dos grandes océanos, el Pacífico y el Atlántico, y el territorio de la Nueva España, de México, en medio de todo. La clave del kilométrico recorrido que operó de 1565 a 1815 fue el descubrimiento del llamado *Tornaviaje*, el tramo entre Filipinas, Asia y Nueva España, es decir, América.

La ruta hacia el continente asiático desde la costa del Pacífico novohispano estaba ya descubierta, es decir, el trayecto a las islas Molucas, a la mítica Especiería, pero el regreso era casi imposible. Los naufragios de numerosas embarcaciones y flotas a causa de las corrientes en contra, la dirección del viento y los peligrosos arrecifes hacían al nada «pacífico» océano casi inexpugnable. Decenas de naves que zarparon hacia los archipiélagos asiáticos no volvieron jamás a tierras americanas.

¿Qué motivaba a marineros y tripulantes a emprender tal aventura? ¿Por qué tentar a la suerte? ¿Por qué desafiaban los mares y las leyendas de calamidades sin fin? Por arrojo, por valentía, pero también por ambición. La promesa de riquezas, el gusto por el lujo y el refinamiento de los productos asiáticos que, como un imán, atrajeron desde siempre a los europeos. Surgió entonces la brillante historia del riquísimo comercio transpacífico y de su célebre protagonista, el galeón de Manila.

José Luis Martínez, a propósito de estos fantásticos viajes, explica:

> ¿Por qué querían españoles y portugueses dominar aquellas lejanas islas de la Especiería? Las especias y condimentos: el clavo, la canela, el azafrán, el jengibre, la pimienta, el anís, la menta, la mostaza, el cardamomo,

el orégano, el sésamo, la casia o canela china, el tomillo, y tantas otras yerbas que dan sabor y aroma a alimentos y bebidas, y que conservan el buen estado de los jamones, así como algunas resinas olorosas como el incienso y la mirra, venían desde la Antigüedad de remotas regiones tropicales y subtropicales del Oriente y de las islas del archipiélago Malayo, llamadas islas de las Especias. Su comercio fue muy importante, al lado de las sedas legendarias de Oriente.

El 8 de octubre de 1565, el fraile agustino y navegante Andrés de Urdaneta llegó a las costas de Acapulco a bordo del *San Pablo*, el primer galeón proveniente de Filipinas en lograr el *Tornaviaje*. A partir de ese día, dos veces al año regresaron las imponentes naos a la apacible bahía de Santa Lucía, en Acapulco, cargadas de maravillas, durante doscientos cincuenta años. Una fiesta en Acapulco se celebraba por todo lo alto para dar la bienvenida a la esperadísima flota. Las embarcaciones, a partir de 1571, pertenecieron a la legendaria Compañía de Indias; las aduanas y los puertos, a la Corona Española.

Dos centurias y media en las que Asia y América intercambiaron materias primas, mercaderías, productos y objetos suntuarios, impresos y documentos, así como cientos de hombres y mujeres, dogmas e ideas; esto dio lugar al histórico legado polifónico que propició el galeón de Manila. Aportes náuticos e intercambios culturales tuvieron lugar en ese incesante cruce por el Pacífico. El trayecto de la nao de China debe entenderse como la primera ruta de globalización en la historia, la primera en ensanchar el espacio geográfico del mundo en una ruta comercial. Por ello fue posible que una esclava de India, entre otras «mercaderías», llegara a tierras americanas.

Comercio y fantasía: el Tornaviaje y el exotismo de *lo otro*

La ruta comercial más extensa y longeva de la historia no fue algo sencillo de trazar. En 1521, después de que concluyera el osado viaje

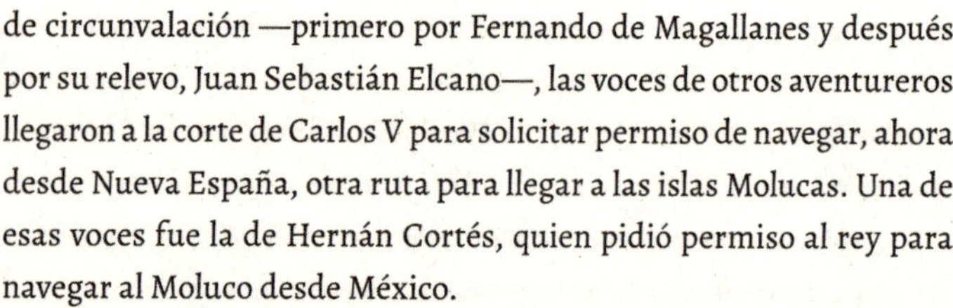

de circunvalación —primero por Fernando de Magallanes y después por su relevo, Juan Sebastián Elcano—, las voces de otros aventureros llegaron a la corte de Carlos V para solicitar permiso de navegar, ahora desde Nueva España, otra ruta para llegar a las islas Molucas. Una de esas voces fue la de Hernán Cortés, quien pidió permiso al rey para navegar al Moluco desde México.

Pero no fue sino hasta varias décadas después que concluyera la Conquista cuando el hijo de Carlos V, el rey Felipe II, solicitó al experimentado navegante Andrés de Urdaneta concretar el trayecto de regreso de las islas de oriente. España ya había desistido ante Portugal de poseer la Especiería, pero ansiaba una ruta comercial hacia los archipiélagos asiáticos para ampliar su poderío. Así sucedió por los precisos y personalísimos deseos del monarca Felipe II. Dichos archipiélagos fueron nombrados en su honor: Filipinas.

Andrés de Urdaneta, experimentado marinero español avecindado en la Ciudad de México, convertido en fraile agustino por un profundo cambio espiritual, conocía a la perfección esas peligrosas aguas. En su juventud había navegado a Oriente, nada más y nada menos que en la expedición de circunvalación de los legendarios Magallanes y Elcano. Apartado del mundo terrenal, mas no del marítimo, Urdaneta soñaba con enlazar a Occidente con Oriente. Nunca dejó de estudiar cientos de planos y cartografía náutica en su vida monacal, en la soledad de su celda del convento de San Agustín.

Debido a los estudios y la probada pericia de Andrés, el convento le escribió a Felipe II, a principios de la década de 1560, para solicitarle que organizara la expedición a los lejanos archipiélagos en busca del *Tornaviaje* a como diera lugar. El virrey Luis de Velasco apoyó entusiasmado tal empresa, sumando a la misión al almirante y destacado funcionario del pujante virreinato Miguel López de Legazpi, navegante mucho menos experimentado que Urdaneta, pero que años después se convertiría en conquistador y primer gobernador de la

Capitanía General de las Filipinas, dependientes del virreinato de la Nueva España, así como fundador de ciudades como Cebú y Manila. La plata novohispana financió en su totalidad la histórica expedición. La empresa de Legazpi-Urdaneta daría resultados.

Al otro lado del mundo, en el reino Mogol, hoy India, faltaba todavía más de medio siglo para que naciera Mirra, la más famosa tripulante en la historia de esos viajes.

La armada de Legaszpi y Urdaneta zarpó del pequeño puerto de Barra de Navidad, Nueva Galicia, hoy Jalisco, el 21 de noviembre de 1564. Los titánicos galeones que la integraron fueron el *San Pedro*, el *San Pablo*, el *San Juan* y el *San Lucas*. Más de doscientos soldados, ciento cincuenta marinos y cuatro frailes se hicieron a la mar aquella mañana de otoño. Sorteando peligros y contratiempos, resultó que la inmensidad de la distancia fue el mayor reto que enfrentaron. Una vez que lo libraron, dos meses después, llegaron por fin a la isla de Cebú, el 13 de enero de 1565. López de Legazpi permaneció en las islas que descubrió para Felipe II hasta el día de su muerte, seis años después.

Al célebre fraile y piloto de esta historia le esperaba el incierto regreso a América. Identificó un camino diferente. Más al norte de Filipinas, hacia Japón, a la altura del paralelo 40°. Asumiendo el riesgo de sus corazonadas, ahí encontró la clave. Se encontró con *Kuroshio*, la «corriente negra» en japonés. Sus aguas oscuras, cálidas y rápidas llevaron al *San Pablo* de regreso a costas americanas, a la altura de las Californias, en el cabo Mendocino —bautizado por Urdaneta en honor del virrey Antonio de Mendoza— para navegar hacia el sur, bordeando el continente y llegar a Nueva España.

Tras cuatro meses y tres días de penosa travesía marcada por la falta de agua y de víveres, por las enfermedades —como el escorbuto, muy común en altamar, por falta de ácido ascórbico presente en los cítricos— e incluso por la muerte de algunos de sus marineros, la trayectoria trazada hábilmente por Urdaneta en forma de arco, de casi

ocho mil millas náuticas, abrió por fin la ruta del Pacífico. El 8 de octubre de 1565 llegó la primera nave española a la bahía de Acapulco —más propicia que la de Barra de Navidad—, procedente de Filipinas. Los mares del mundo confluyeron en uno solo. Urdaneta encontraba el *Tornaviaje*.

Una vez trazada la carrera, las naos —verdaderos castillos flotantes cargados con baúles, cajones, fardos y costales de fantásticas mercaderías, con un peso de entre seiscientas hasta mil toneladas— surcaron la ruta hallada por Urdaneta: cuatro meses les tomaba ahora llegar a Manila, Filipinas; entre siete y nueve, regresar a Acapulco. Después, las mercancías continuaban por tierra de Acapulco a Veracruz, en mulas y diligencias, no sin antes surtir con los muy esperados «cajones» a mercados y parianes de la Ciudad de México, Puebla y Orizaba. Una vez en puerto, en el golfo de México, eran embarcadas para surcar el Atlántico rumbo a España, a la metrópoli.

El vaivén comercial introdujo en Asia la reluciente plata virreinal, primera divisa universal. Provenientes de Nueva España y de Perú, las naos exportaban a Manila, además de grana cochinilla para el teñido de las telas, tejidos de lana, café, vino, aceite y cacao, la plata, en lingotes y en monedas, muy valiosas hasta muy entrado el siglo XIX. Las monedas de ocho reales o *macuquinas* y, tiempo después, los pesos plata mexicanos tuvieron gran aceptación en el mundo porque su ley y peso eran exactos. El emblema imperial que Carlos V ordenó grabar en ellos representaba a la España que había desbordado al mundo con sus descubrimientos más allá de los límites conocidos, más allá del *non terrae plus ultra;* es decir, de Gibraltar y Ceuta, representadas por las dos columnas de Hércules. Por esto Carlos V acuñó para España el *plus ultra* que ostentaban sus poderosas monedas. Dicho emblema se usaría posteriormente en el dólar español, *Spanish dollar,* con la S cruzada por dos columnas, símbolo adoptado por la actual divisa estadounidense: el dólar. De esa magnitud fue el alcance de la plata novohispana en el

mundo que globalizó la nao a lo largo del puente que unió tres continentes por dos centurias y media, el puente comercial más largo y duradero de la historia, mismo que usaría Mirra para llegar a la Nueva España, desde el lejano imperio Mogol, en India, al otro lado del mundo, durante la segunda década del siglo XVII.

En ese momento, en Nueva España y España surgió la pasión por lo «chinesco», la admiración por lo oriental. Todo lo oriental, lo «chino», era fantástico, exótico. Este contacto trascendió el aspecto económico y dejó huella profunda en ambos lados de la ruta: en el arte, la religión, la lengua, las costumbres y la gastronomía, tanto en lo docto como en lo cotidiano. Las manifestaciones más bellas de ese territorio llegaron a nuestras costas. Los tres continentes se enlazaron también con el permanente tránsito de personas y el tráfico de productos y bienes culturales. Procesos sincréticos se dieron gracias al mestizaje de dogmas e ideas, de idiomas y palabras. No solo hubo un mestizaje biológico, sino que los hábitos y la cultura europeos, novohispanos y peninsulares, se enriquecieron con elementos orientales, y viceversa. La ruta de la nao de China cambió el conocimiento del mundo.

Setenta y tres años después del viaje de Cristóbal Colón, el acceso sistemático a la soñada fuente de las especias era una realidad. A partir de entonces, marinos, científicos, religiosos, comerciantes o «sangleyes», constructores, artesanos y artistas fueron los artífices de esta aventura mercante, la de mayor envergadura de la historia. El florecimiento de los puertos de Acapulco y Manila vinculó para siempre a México y Filipinas espiritual, social y culturalmente. La empresa novohispana en el Pacífico consolidó el reinado de Felipe II. Cuauhtémoc Villamar, diplomático e historiador experto en la nao de China, lo confirma:

> El conjunto de expediciones desde tierras americanas coronadas con el éxito de Legazpi-Urdaneta permitió decirles a los demás poderes europeos que el Pacífico se convertía en Lago Español, como espacio privado

> de la monarquía ibérica. [...] La influencia de España únicamente llegaba filtrada por México. Sevilla y Lisboa, emporios mercantiles de la colonización ibérica, no apoyaron esta labor, sino que más bien la entorpecieron. Desde un principio, la marcha hacia el Oriente fue responsabilidad del Virreinato de México, quien podía intentarlo gracias a los abundantes recursos proporcionados por las minas de plata de la Nueva España. Recordemos que el Galeón llevaba en cada viaje de regreso a Manila de dos a tres millones de aquellos magníficos pesos de plata, por lo que no es extraño que en China llamaran a la Nao de Acapulco El Barco de la Plata.

Nueva España fue epicentro de esta historia llena de exotismo en tierras lejanas, colmadas de riquezas, sabores, magia, encanto y misticismo, pero también de esclavitud y penurias. Contrastaba con la algarabía y el entusiasmo del arribo del tesoro, la terrible venta de esclavos con la que llegó Mirra a Acapulco en enero de 1621. Vestida de hombre, como un esclavo, entre sedas, enconchados, porcelanas, biombos, cristos y vírgenes de marfil, mantones de Manila, perfumes, perlas, especias, madera de sándalo, lacas policromadas, telas de algodón, manteles, damascos, terciopelos, abanicos y peines, para igualmente ser vendida como «maravilla» en algún mercado, puerto, feria o parián —voz en tagalo para «mercado»—, como el de Manila, en donde había sido vendida meses atrás por traficantes japoneses. Un halo de magia y fantasía rodearán para siempre su vida.

Extraña en tiempos extraños

Aquella mañana de enero, Mirra se encontró en el puerto con marineros, comerciantes, frailes, soldados, funcionarios, arrieros, estibadores, gente de pueblo que rodeaban los baúles y «cajones» que descendían de las naves. Se confundían en la multitud pasajeros y tripulación que llegaban o que viajarían rumbo a Manila, como prelados, monjes, letrados, caballeros, distinguidas damas de sociedad y hasta familias

enteras. Beatriz Sánchez Navarro de Pintado, investigadora del arte, señala en *Marfiles cristianos del Oriente en México,* en 1986, sobre tal estampa:

> Se conjuntaban en esa abigarrada muchedumbre las más nobles aspiraciones y los más terrenales afanes de lucro y ganancia, pues al lado de los misioneros y las monjas, inflamados del más puro celo evangélico, transitaban, jadeantes y esperanzados, los mercaderes ansiosos de hacer el negocio de su vida, incluso con esclavos, codeándose con los militares y los burócratas que buscaban ascenso, mediante el desempeño de una comisión en las extrañas tierras a las que les llevaría el Galeón en su viaje de regreso.

Por varios siglos, las naos sufrieron continuos ataques de piratas. Corsarios, en especial ingleses, codiciaban su fortuna. El puerto de Barra de Navidad fue sustituido entonces por la profunda y bien abrigada bahía del puerto de Acapulco. El fuerte de San Diego también se construyó *ex profeso* para protegerse de los piratas y recibir con bien a las millonarias naves. El robusto fuerte era sede, junto con todo el puerto, de la Feria de Acapulco, verdadera fiesta por el arribo del tesoro. Con verdadero júbilo se volcaba el pueblo entero en tremenda verbena. Música, baile, petardos, cañonazos y vítores se extendían durante días ante el feliz acontecimiento de la llegada del venerado galeón.

A Mirra nadie la vitoreó cuando desembarcó en Acapulco. Sin embargo, sí la esperaban, como a decenas de esclavos «chinos» que se ofrecían y se compraban a la Nao como sirvientes para uso doméstico. Jovencitos y jovencitas filipinos, malayos e indios eran muy apreciados por su trato honrado y gentil, limpieza y «fácil» adaptación a sus nuevos amos. En realidad, la adaptación no era otra cosa que el pavoroso sentimiento de no tener a dónde regresar. Literalmente, los arrancaron de su mundo. Los sirvientes eran «criados» —desde pequeños— en casa de sus amos, a quienes incluso llegaban a sentir

como verdaderos padres; claro, siempre con el desigual trato que se le daba a la servidumbre. Las «chinas» en Nueva España eran sinónimo de sirvientas, de criadas, pero no se usaba de forma peyorativa. Por el contrario, «criada» y «china» se empleaban para expresar una relación cercana, cariñosa, según el investigador Francisco de la Maza, en su biografía de Catarina de San Juan, de 1971.

De ahí que Mirra sea china, por el coloquial sobrenombre de su condición, «la china india», pero no por provenir de la lejana China. Mirra le contó su historia años después, en la que explicaba su origen, a su confesor y posterior biógrafo, el jesuita José del Castillo Graxeda, cuando ya vivía en Puebla de los Ángeles. Y es ahí, en Puebla, donde surge la otra imprecisión de su nombre. Catarina no era de Puebla, ya se sabe; si bien llegó en la Nao, tampoco era poblana por vivir en la Angelópolis; era «poblana» por ser una sencilla muchacha del pueblo, una pueblerina. Las poblanas eran las campesinas, las lugareñas, las que habitaban un pueblo, no nada más las que vivían en la Angelópolis. En el caso de Catarina, coincidieron las dos definiciones.

Desde el origen de su célebre nombre, Mirra encierra leyenda y misterio, pero también raíces muy profundas de lo que empezaba a ser mexicano. El arraigo, la pertenencia a esta tierra por sus costumbres, por sus creencias, desde lo cotidiano. Por eso esta china poblana dejó una huella profunda en nuestra historia. La vida de Catarina de San Juan, durante los setenta años que vivió en la religiosa Puebla virreinal del siglo XVII, es el reflejo fiel de una sociedad mestiza, ya mexicana, que nacía en la Nueva España, nutrida por muchos elementos e influencias culturales que, en este caso, provenían del místico Oriente. Villamar asegura, con mucha sensibilidad, que «los humanos que fueron trasplantados por el Galeón a las ciudades americanas dejaron aquí sus idiomas, creencias y costumbres».

Esclava, china, visionaria, mística, beata, virgen, personaje popular, ejemplo a seguir, se ha dicho que fue Catarina. Su historia de

infancia la contó ella; el resto de su vida, la leyenda, sus contemporáneos, encantados por el fantástico origen chinesco de Catarina, como «todo lo otro fascinante» que trajo la Nao, y por sus dotes de beata, por sus visiones sobrenaturales y religiosas. Los jesuitas Francisco de Aguilera, Alonso Ramos y José del Castillo Graxeda dieron fe de lo que les contó en vida Catarina. Durante los siguientes siglos, estudiosos, escritores, poetas, políticos, periodistas y gente en general han repetido una y otra vez versiones fascinantes de su vida.

La vida de Mirra comenzó en las lejanas tierras del Gran Mogol, alrededor de 1606, en alguna ciudad de India, cuyo nombre la niña no recordaba al llegar a Acapulco, en 1621. Según contó a su llegada, era hija «del dueño absoluto del reino de Arabia y de la India», es decir, el «Reino del Mogol de las Islas Filipinas», que para los europeos representaba un vastísimo y poco preciso territorio. Tampoco recordaba el nombre de su padre. El de su madre sí, Borta, y el de su abuelo materno, Maximiano. Todos de origen noble. Lo que no olvidó Mirra fue que la raptaron traficantes de esclavos portugueses cuando tenía nueve años. Paradójicamente, el nombre que sus padres, a los que jamás volvería a ver, habían escogido para ella significaba *amargura*.

Los traficantes de esclavos la llevaron al puerto de Cochín —popularmente confundido con la Conchinchina vietnamita—, en la costa de Malabar, India, en el mar Arábigo. La esclava sería otro fabuloso *objeto* para surtir al mítico galeón. Amargura tampoco olvidó el momento en que se convirtió en Catarina. Frailes jesuitas que llegaron a Cochín a evangelizar décadas atrás la bautizaron con el nombre de Catarina de San Juan. Ellos la instruyeron en esa fe católica que ella adoptó profundamente.

Los piratas portugueses llegaron a Manila, el foco del exotismo y del sabor oriental. En el exuberante parián, Catarina fue vendida a un agente enviado por un rico y piadoso capitán poblano de origen portugués, don Miguel de Sosa, quien necesitaba una «china» para que

sirviera en su casa, pero, sobre todo, que acompañara a su esposa, doña Margarita de Chávez, en su solitaria vida sin hijos. Una «chinita» de la Nao era la mejor opción para que «se hallase cómoda con el matrimonio y no buscara regresar a su casa, si es que la tuviera en México». La crueldad del tráfico de humanos materializó la mezquindad oculta en la «piadosa» acción del acaudalado capitán. Nueva España fue el principal cliente de los traficantes lusitanos con la compra de esclavos negros provenientes de África para las extenuantes labores del campo, en especial la del cultivo de la caña, así como la compra de esclavos chinos (indostanos, japoneses, malayos y filipinos) para el servicio doméstico, como el caso de Mirra. En cambio, la esclavitud no fue tolerada para la población indígena.

A bordo del galeón, el comisionado de Miguel de Sosa disfrazó de hombre a Catarina para que pasara inadvertida ante los agentes virreinales; el capitán poblano había pagado un alto precio por ella, pero el virrey, don Diego Carrillo de Mendoza y Pimentel, marqués de Gelves, también quería una adolescente «de la mejor calidad posible» y Catarina cumplía con las necesidades de la máxima autoridad colonial.

Para Miguel de Sosa, Catarina valía mucho. Al igual que su suegro, tenía muchos años de comerciar con «maravillas de Oriente», así que estaba consciente de lo valiosa que era una joven de quince años, llena de gracias y virtudes, por lo que desembolsó más de 500 pesos oro por ella. Además, la joven tenía los mismos años que llevaba de casado con su mujer, Margarita, y se llamaba igual que su suegra. Sin duda, la «chinita» tenía un significado especial para él. Así, Catarina de San Juan llegó por fin a la ciudad de Puebla de los Ángeles, a finales de 1621, a vivir en la casa del prominente capitán.

Catarina era muy bonita: figura delgada, grácil, enormes ojos negros y piel morena clara. Hablaba pakrit, idioma oficial del Gran Mogol o India. El capitán y su mujer la adoptaron, le enseñaron el castellano con el día a día, pero nunca llegó a dominarlo. Catarina jamás aprendió

a leer ni a escribir. Permaneció siempre como una «bozal», es decir, cerrada al español, casi analfabeta. En cambio, la fe católica se la inculcaron con mayor fervor, pues, como el resto de los poblanos, eran profundamente devotos; el mismísimo obispo de Puebla, monseñor de la Mota, se encargó de confirmar a la sencilla pero enigmática china.

Vivir entre ángeles

La levítica —absolutamente religiosa— Puebla de los Ángeles, segunda ciudad más importante de la Nueva España hacia 1625, de marcado trazo renacentista, debió impresionar grandemente a Catarina. No solo por sus decenas de magníficos conventos, templos e iglesias, o por los imponentes hospitales, colegios y orfanatos, sino también por sus señoriales casas. Puebla estaba llena de majestuosas residencias de ricos funcionarios y comerciantes, colmadas de objetos artísticos religiosos: cristos de marfil, cuadros de santos pintados con grana cochinilla, altares, muebles, jarrones y vajillas de exquisito gusto oriental, estos últimos muy familiares para la joven.

Puebla se encontraba en el corazón del virreinato y era el paso obligado entre la Ciudad de México y el puerto de Veracruz, la otra salida de la ruta de la Nao, la del océano Atlántico, así como del resto de las rutas que unían la Nueva España con la metrópoli. A principios del siglo XVII, Puebla también era sede del obispado más rico y extenso de América. Catarina pudo ver con sus propios ojos la consagración de la majestuosa y barroca catedral de Puebla, en 1649, por el erudito obispo Juan de Palafox y Mendoza, por el que sentía verdadera devoción. La vida religiosa marcaba por completo el ritmo de la Angelópolis y, en todos los sentidos, de la sociedad novohispana. No es de sorprender lo frecuentes que eran los casos de hombres y mujeres que aseguraban tener visiones religiosas, revelaciones santas u alguna otra experiencia mística, incluso milagrosa. Los hechos de santos y beatos que buscaban una causa de canonización eran el pan nuestro de cada día en

esa Puebla, en donde la chica pueblerina, la china poblana de India, empezó a desenvolverse. Años después, Catarina de San Juan asegurará ser una visionaria, una beata alumbrada, la fervorosa mujer que veía y hablaba con toda la corte celestial.

En casa de Miguel de Sosa, Catarina fue muy apreciada. Llevó una vida de lo más normal. El matrimonio decía que era muy buena cocinera, atenta, amable, casi una hija. Pero los tres años de grata convivencia no fueron suficientes para liberarla de su condición de sirviente esclava. Tuvo que esperar hasta la muerte del capitán para ser liberada en su testamento: sería libre si entraba al convento de las carmelitas descalzas o si cumplía dos años más al servicio de Margarita. La vida del convento no le atrajo en ese momento, quizá no la aceptaron por su «origen de servidumbre», o bien fue porque, durante los años que vivió con la familia Sosa, Chávez nunca tuvo deseos de convertirse formalmente en religiosa. Ni revelación ni visión alguna se le había presentado en esos años.

Tras la muerte del capitán, y después de cumplir con el servicio a doña Margarita —quien finalmente se recluyó con las carmelitas—, la vida en libertad de Catarina dio un giro inesperado. Deambuló por las calles sin rumbo hasta encontrarse con el padre Pedro Suárez, quien la tomó para su servicio en casa. Ahí conoció al que sería su esposo, Domingo Suárez. Catarina nunca sería mujer de ese esclavo chino que también servía al prelado, sin embargo, fue su esposa por más de una década.

El sacerdote continuó instruyéndola con fervor religioso y consintió en que se casara con el chino que llevaba su apellido, bajo la promesa de que Catarina mantuviera su castidad. Diez años fue la esposa virgen de aquel hombre que logró su libertad al poco tiempo de casados —por lo bueno que había sido con el padre Suárez—. Diez años en los que el lecho conyugal estuvo separado por un altar a Jesucristo.

Muy temprano en su matrimonio empezaron las visiones divinas para Catarina; su leyenda como beata también comenzó a forjarse con

fervor. Los feligreses acudían a ella para rogarle prodigios y venerarla. Aseguraban que, como ella conocía el camino de la santidad, podía salvar vidas, curar enfermos, pero, sobre todo, compartía la desolación que, como ella, solo los más pobres conocían. Su nombre comenzaba a vestirse de leyenda viva. Su fe inundaba los corazones de decenas de desdichados que la admiraban. Su «sacro» matrimonio con Domingo solo llegaría a su fin por la muerte de él, en 1644. Su papel en la Puebla de los Ángeles como visionaria católica apenas comenzaba.

Con treinta y ocho años, fuerte y joven, pero nuevamente desamparada, la viuda fue recogida por otro capitán, Hipólito del Castillo y Altra, y para reforzar su vida e imagen de beata, su nueva casa quedaba justo frente a las puertas de la iglesia de la Compañía de Jesús.

Francisco de la Maza refiere que:

> Escogió un apostillo que no tenía más luz que la de la puerta que salía al patio, con las paredes desaseadas, el suelo de duras y frías laxas y que servía solo de guardar la cal e instrumentos de batir mezcla para la renovación y fábrica del edificio [...]. Lo escogió por estar cerca de las caballerizas ya que una bestia era razón que viviera al lado de otras bestias.

La condición de pobreza y la sencillez de vida que escogió Catarina desde ese momento avivaron su veneración. Su aspecto al vestir no era el de una monja, ni de dama, ni de criada. Tampoco era el que imaginamos siempre, el de la mexicanísima china poblana. Su vestimenta era estrafalaria, original, propia de un personaje que se va forjando con la admiración popular: ropa interior de algodón, camisa estampada en colores, fondo de lana sencilla, blusón ajustado con mangas estrechas hasta la mano, saya o falda también de lana simple, con poco vuelo, hasta los pies, y un velo sobre la cabeza que ocultaba también su rostro al andar por la calle.

Lo que Catarina ya no ocultaría jamás es que, en sus visiones y revelaciones, jugaba con el niño Jesús y notaba la presencia de los ángeles. Realmente lo creía. Era habitual verla hablar con una imagen de Jesús el nazareno. Aseguraba que los demonios la acosaban y la gente decía que sus presagios se cumplían tal como ella los presentía.

Muchos aseguraban que su esencia era la de una auténtica virgen, y ella misma lo creyó también. El ambiente de misticismo religioso de la Angelópolis la sobrecogió sensiblemente. La extraordinaria mujer, la ya iluminada Mirra, la visionaria Catarina, comenzó entonces a «recordar» otros fantásticos acontecimientos de su vida. Relató un sinfín de visiones santas, como una sobre su madre, Borta, con la Virgen en su propio nacimiento, o cómo había sido robada cuando tenía dos años y milagrosamente, cual Moisés, navegó en una canasta por un río hasta su rescate. Las historias fluyeron por cientos. Su fama y figura eran incontenibles.

Durante los siguientes cuarenta años, Catarina de San Juan hizo públicas sus visiones religiosas en la Puebla del siglo XVII, la del mítico obispo Juan de Palafox. La gente las creía a pie juntillas, con verdadera fe, sin lugar a dudas. Sus hazañas se transmitieron de boca en boca, como reguero de pólvora. Como discípula de sor María de Jesús, una monja a quien frecuentaba mucho en el convento de la Concepción, Catarina no solo encontró el amor materno, sino también a una poderosa guía religiosa. Cuatro décadas tomó la creación de la leyenda. Al momento de su muerte, Catarina de San Juan, Mirra, la china poblana de India, era considerada una verdadera santa.

Casi ciega, y con verdaderos dolores físicos, la longeva Catarina murió a los ochenta y dos años, en el humilde aposento que habitó por décadas, la madrugada del 5 de enero de 1688. Sus exequias marcaron la vida pública y la historia de Puebla. Su cuerpo fue adorado y custodiado por una ferviente multitud que arrebataba pedazos de su mortaja y se hincaba ante sus restos. Una larguísima y devota procesión recorrió

las calles de Puebla hacia la catedral, misma que acompañó el cortejo con el doblar de todas sus campanas. Sus reliquias fueron colocadas en la sacristía de la iglesia de la Compañía de Jesús. Las escenas de llanto y tristeza frente al Palacio Episcopal fueron el acontecimiento de toda una época. En la muerte, Catarina confirmó su popularidad de santa; sin embargo, nunca fue canonizada. El asombro de sus milagros causó tal revuelo y exageración que la Santa Inquisición prohibió, en 1691, reproducir cualquier imagen suya e incluso pronunciar su nombre después de su muerte.

Sus enardecidos biógrafos, como el sacerdote jesuita Alonso Ramos y el clérigo diocesano y su confesor, José del Castillo Graxeda, la recordaban emocionados:

> Era en todo su trato Catarina, familiar, apacible, amigable, querida de todos y respetada. Tenía el atractivo de su apacibilidad, dominio en todas las voluntades, porque se robaba los corazones; en medio de que era seria, mas no en extremo, sino con una gravedad modesta, vestida de una blandura cariciosa, nada se señalaba en las ocurrencias, solo si, en el recato de la vista y no miraba cosa criada con advertencia plena [...] siempre gustó de vestidos humildes, modestos y pobres, aborreciendo la profanidad que consigo traen los arreos, si no de perderse, de arriesgarse. Besaban el suelo sus vestidos; los aliños que pasan de limpieza los miraba como precipicios, pues el peligro del buen parecer causa muchas veces la perdición de las almas [...].

Francisco de la Maza lo expone claramente también:

> no se puede entender la admiración, y en cierto modo la fascinación que llegó a ejercer en la Puebla del siglo XVII, la beata de Catarina de San Juan. En ese mundo católico a la manera contrarreformista: cerrado, devoto, absorto en las novenas, triduos, sermones, vía crucis, sermones, etcétera, con

el solo fin valedero para la vida humana: la salvación del alma, ganada a esfuerzos de virtudes y actos ostensibles, la presencia de una «china» muchacha, y luego casada y virgen, y después mujer madura y por último anciana, con la misma virtud siempre, sin flaquezas, continuada y aumentada, dando ejemplo a españoles, criollos, indios y extranjeros, era para maravillar aun a los más indiferentes. Pero a todo ello debió unirse una simpatía inicial, una bondad a toda prueba y un carácter indomable. Ese dominio de todas las voluntades solo se logra con muchos atractivos, físicos y morales.

La construcción de la joven mexicana: la china poblana

Catarina de San Juan se convirtió en la leyenda de la china poblana por la popularidad de su vida y de sus acciones bañadas de santidad, en una sociedad profundamente religiosa que la mitificó. Su origen exótico y su conversión a la vida novohispana de una forma tan profunda en aquel sistema de creencias religiosas hicieron que sus contemporáneos vieran en ella lo que tanto buscaban: lo sagrado, lo místico, lo sobrenatural. Religiosos y gente común creyeron ver en ella a una santa. Santa que respondía al fenómeno de los tiempos que corrían en la sociedad novohispana. Santos y mitos propios de esta tierra, es decir, de mestizos, mexicanos.

Ella encarnaba a la perfección esa búsqueda de identidad. Incluso lo tuvo claro al empezar a revelar sus visiones de iluminada, argumentando que los tenía desde sus tempranos años en Oriente y a lo largo de su vida. Al final de su historia, Catarina de San Juan no sería una santa; su figura sería más trascendental: fue la mujer de carne y hueso tras el mito fundacional de la joven mexicana, de la china poblana.

Sin embargo, no existe relación alguna entre el verdadero atuendo de la histórica Catarina de San Juan con el muy estilizado decimonónico atuendo de la china poblana, emblema de la vestimenta nacional por excelencia. Es otra increíble imprecisión de su vida; ni era china, ni

poblana, ni usó jamás el traje de china poblana. Catarina utilizaba la paupérrima indumentaria propia de una esclava, carente de cualquier lujo o gala, de pueblerina, de sirvienta y, según detallaba su confesor, se trataba de una sencilla saya, manta y toca. Fue su fascinante leyenda la que «vistió audaz, pero imaginariamente» a Catarina, por ser una princesa de Oriente, con trajes de fuerte colorido, chalinas y sayas de colores encendidos, peineta y alamares en la cabeza, hasta entonces desconocidos en Nueva España, y el toque final: falda de «tela castor» de lana brillante y sedosa, con sobrepuestos en chaquira y lentejuela. Nunca vistió en vida dicho traje Catarina. Fue el coronel e historiador Antonio Carrión, como antes muchos otros escritores, quien, al escribir su historia sobre Puebla a finales del siglo XIX, vinculó por primera vez, y de manera arbitraria, el traje regional con el personaje histórico.

Lo usaban en un inicio las mujeres mulatas, pero con el paso del tiempo las criollas de Puebla empezaron a vestirse como muchachas pueblerinas, de ahí también la confusión con las angelopolitanas. Joaquín García Icazbalceta, uno de los historiadores más ilustres del siglo XIX, mencionó haber conocido a las chinas poblanas ya popularizadas desde finales del siglo XVIII:

> Una mujer del pueblo que vivía sin ser sirvienta de nadie y con cierta holgura a expensas de un esposo, o un amante, o bien de su propia industria. Pertenecía a la raza mestiza y se distinguía por su aseo, por la belleza de sus formas, que realzaba con su traje pintoresco, hasta ligero y provocativo, no menos que por andar airoso y desenfadado.

Por su parte, Madame Calderón de la Barca, esposa del primer embajador de España en el México independiente, escribe sobre las chinas poblanas de la primera mitad del siglo XIX en su obra *La vida en México durante una residencia de dos años en ese país*:

> La procesión del Viernes Santo estaba llena de tipos pintorescos, pero nadie podía rivalizar con las bellas campesinas poblanas, con sus vestidos de fiesta, muchas veces con una cara y un cuerpo de belleza extraordinaria, de mirada atrevida y coqueta y un pie moreno y pequeño que deja ver un zapato de raso blanco, la falda a menudo con franjas y bordados de oro macizo, y un rebozo moteado de oro, o con un chal de crespón de china color vivo, graciosamente echado sobre la cabeza.

Al paso de los siglos, junto con el traje de charro del hombre, el traje de china poblana fue transformándose en el símbolo de la mexicanidad: blusa blanca de manga corta, escotada en el pecho, de fino algodón bordado con diversos motivos vistosos; falda o saya bellísima, larga, de tela castor gruesa rojo oscuro, bordada a mano con lentejuelas y chaquiras con nuestros símbolos patrios, el escudo nacional o el calendario azteca; rebozo de seda, de los colores de la bandera; zapatos de raso, grandes aretes de filigrana de oro, trenzas con moños de listones de colores y varios collares de cuentas de papelillo integran el icónico atuendo. Aunque nunca vistió Catarina de San Juan este traje, la leyenda nos da pertenencia y cohesión nacional. Sin embargo, ello no le resta un ápice a la verdadera presencia de Catarina.

Mirra, al igual que Malintzin y Tecuichpo, es otra mujer de nuestra historia que, al ser arrancada de raíz —vendida, regalada o raptada—, fue injertada en otro sistema de vida y se adaptó hábilmente para poder sobrevivir. Se fusionaron en ese nuevo orden, en esa naciente sociedad virreinal, por varios siglos. Como Marina, Isabel y Catarina aportaron elementos fundacionales, provenientes de distintos pueblos y latitudes, a lo que somos culturalmente. México está hecho de diversidad y riqueza cultural. Esa mezcla de tantos personajes que vinieron por las más diversas razones.

Expresiones y objetos tan mexicanos son producto de esas fusiones, de sus exóticas presencias, que nos aportan originalidad y riqueza a lo

que hoy somos como nación, como el traje de china poblana. Emblema nacido de una leyenda, pero también de la existencia de Mirra, de Catarina de San Juan, la fascinante mujer de remotas tierras orientales que, aunque ni china ni poblana, con la fantasía que la rodeaba, inspiró la creación de la mujer más mexicana de todas, la china poblana.

IV. Juana Inés de Asbaje y Ramírez de Santillana,

Sor Juana Inés de la Cruz

La monja escritora, la Décima Musa

San Miguel Nepantla, actual Estado de México, 12 de noviembre de 1648 - Ciudad de México, 17 de abril de 1695

Sor Juana interiorizó admirablemente saberes tales como la política, la sociedad, la religión y la ciencia, con la misma aparente espontaneidad que asimiló a la perfección las métricas, los ritmos, las retóricas, la etiqueta y el ceremonial de la sociedad cortesana del barroco novohispano.

MARGO GLANTZ

Trescientos cincuenta y dos años ha habitado Juana Inés de Asbaje y Ramírez de Santillana el magnífico convento de San Jerónimo de la Ciudad de México, veintisiete de esos años fueron en vida. La más grande escritora mexicana, la más grande poetisa, la que mayor fama ha alcanzado jamás, tuvo que tomar los hábitos de monja y enclaustrarse en un convento para poder dedicarse a lo que más amaba: los libros y sus infinitos mundos, los cuales estaban prohibidos para las mujeres de su tiempo, que tenían solo dos opciones en ese entonces: casarse o adoptar la vida monástica.

Los roles de las mujeres en la sociedad novohispana estaban definidos y se ejecutaban casi a rajatabla. Desarrollar una vida como intelectual era algo inimaginable. Juana Inés se convirtió entonces en monja. Se convirtió en sor Juana Inés de la Cruz para reinar soberana en esos mundos en los que no se esperaba siquiera que penetrase una mujer. Destacó en el quehacer literario como ningún hombre o ninguna mujer de la época, perdurando para la eternidad de nuestras letras y de nuestra historia como escritora, poetisa, teóloga y dramaturga; como la emperatriz del idioma, como el fénix novohispano.

Destacó como la Décima Musa, ni más ni menos. Nombre que se ganó porque, de acuerdo con la mitología griega, son nueve las divinidades femeninas nacidas de las nueve noches de amor ininterrumpido entre Zeus y Mnemósine. Ellas, esas musas, a decir de artistas, filósofos, escritores y poetas, son la indiscutible fuente de su inspiración: Calíope, Clío, Erato, Euterpe, Melpómene, Polimnia, Talía, Terpsícore, Urania y, entre estas criaturas de insuperable elocuencia, inteligencia y belleza, sor Juana Inés, la décima. Ese es el tamaño que alcanzó con sus letras.

Así brilló sor Juana Inés de la Cruz. Con luz cegadora desde su celda de monja en San Jerónimo. Durante la edad del esplendor de las letras españolas, en el auge del llamado Siglo de Oro. Desde su claustro proyectó al mundo el brillo de su excepcional intelecto. Hoy, ese convento es un centro de estudios universales para hombres y mujeres, inspirado en su obra y su memoria. Es la Universidad del Claustro de Sor Juana, desde donde sigue emanando la luz del conocimiento.

La niña, los volcanes y sus libros

Juana Inés nació en el corazón del virreinato de la Nueva España, en plena mitad del siglo XVII. Mayo de 1648 la vio nacer en el pueblo de San Miguel Nepantla, muy cerca de Amecameca. Fue hija del vizcaíno Pedro Manuel de Asbaje y Vargas, quien desapareció pronto y probablemente regresó a España, pues Juana Inés vivió desde los tres años únicamente con su madre, la criolla Isabel Ramírez de Santillana, sus tres hermanas y los abuelos maternos, en la hacienda de estos, Panoaya.

Pedro y Beatriz Ramírez de Santillana eran andaluces; se dedicaban al ganado y al cultivo del maíz en los campos de aquella pequeña población, en las faldas fértiles de los volcanes Popocatépetl e Iztaccíhuatl, el obligado camino entre México y Oaxaca. Panoaya significa en náhuatl «lugar de paso». Juana Inés tuvo dos medios hermanos más y siempre pesó sobre ella el estigma de la soltería de su madre, el estigma de ser hija natural y «no tener padre», hechos que determinaban la vida de las personas de esa época, en especial, la de las mujeres.

Siendo muy niña manifestó su inquietud intelectual al querer acompañar a su hermana mayor, a escondidas de su madre, a casa de la señora que le enseñaba a leer y escribir. A su corta edad, Juana Inés se sentía capaz de aprenderlo todo. En la sociedad virreinal, dichas clases eran conocidas como el modelo mariano de enseñanza a las mujeres. Se les impartía cultura religiosa y labores domésticas en las llamadas escuelas Amiga, por tratarse de las casas de las institutrices o de las «amigas» que las impartían. La instrucción era muy elemental y únicamente se daba a niñas de corta edad, pero, a pesar de tan precaria educación, fue suficiente para que, a los tres años, Juana Inés comenzara a leer y escribir. Era una niña prodigio.

Rodeada de volcanes, pinos, árboles frutales, conejos y armadillos en el valle de Amecameca, fue una niña que, además de jugar, gozaba leer al lado del abuelo Pedro, ávido lector y dueño de una nutrida biblioteca. Estar entre esos libros tan familiares y leerlos intensamente resultó ser la gran afición de su infancia. El mundo se abría ante sus ojos en aquellos anaqueles llenos de aventuras y saber. Esto último se convirtió en lo que más ansiaba poseer en la vida esta precoz lectora: conocimiento.

Ante tal necesidad, le comunicó a su madre su férrea intención de estudiar, «aunque las mujeres no lo hicieran». Estaba resuelta. A pesar de lo que fuera. Incluso estaba dispuesta a vestirse de hombre con tal de que le permitieran estudiar, lo que al final no sucedió. A tal grado llegó su afán por saber que incluso se autocastigaba y dejaba de comer los dulces que más le gustaban si no dominaba la lección que la ocupaba, nunca comía queso, ya que le decían que atontaba. La jovencita no estaba dispuesta a que nada la distrajera de ese empeño por investigar, de ese empeño por saber, por conocerlo todo.

Cuando su madre comenzó una nueva relación amorosa, Juana Inés se separó de su lado. Tenía ocho años y su abuelo había muerto tiempo atrás, dejando no solo una huella de profunda tristeza, sino también la semilla de ese amor por los libros. Para entonces ya daba destellos de ser dueña de una pluma prodigiosa y, con un premio de

poesía religiosa a cuestas, sabía muy bien adónde quería ir: la Ciudad de México. Era momento de alejarse de Panoaya y de aquel valle de volcanes para encontrarse con más y más libros. En la Ciudad de México se encontraban los lugares donde enseñaban todo lo que ella quería saber. Ahí estaban las escuelas y sus bibliotecas. Pero, sobre todo, ahí estaba la Real y Pontificia Universidad de México, su gran anhelo.

Pero un gran obstáculo se interpondría a sus deseos: la rígida organización social dictaba irremediablemente que la vida de las mujeres debía transcurrir intramuros. Las mujeres en su casa, sentenciaba la norma. Ya fuese en la casa familiar, en la casa de Dios, en las casas de recogimiento o incluso en las casas de mancebía. Esposas, madres, hijas, monjas, institutrices o prostitutas eran los papeles que desempeñaban las mujeres, siempre en el ámbito de lo privado. El papel del estudiante en las escuelas, en la Universidad, solo era para los hombres. Tal convencionalismo resultó de gran peso en la vida de Juana Inés.

Sin embargo, esos cinco años que estuvo sumergida en los libros de su abuelo en absoluta libertad sellaron su destino. Fueron el parteaguas de su existencia. A los libros se dedicaría el resto de su vida, casi toda. Aunque tuviera que hacerlo desde el mundo de lo privado. Se las ingenió para lograrlo. Como mujer, y después como monja, no renunció a su derecho a saber, a escribir, a opinar, a disentir, y alcanzó la más pública de las famas por su intelecto extraordinario, por su amplia y docta obra literaria. Aún con todo esto, pagó el precio que conllevó su osadía.

Una joven inteligentísima y muy bella en la corte virreinal de México

En el destino de Juana Inés de Asbaje no solo estaba escrito que de la campiña de Amecameca se trasladaría a vivir a la Ciudad de México, sino que de la modesta hacienda de Panoaya pasaría a habitar la máxima cúpula del poder civil de Nueva España, el Real Palacio de los Virreyes. En lo que hoy es el Palacio Nacional, se instalaría una joven

Juana Inés, arropada en la corte virreinal por el afecto y la admiración de la mismísima virreina.

A su llegada a la ciudad, en 1656, vivió en casa de la hermana de su madre, María Ramírez, y su esposo, Juan de Mata, en la calle de Monte Alegre, muy cerca de Palacio. Entre el trinar de garzas, chichicuilotes, patos, gavilanes y demás fauna lagunera; entre el bullicio del ir y venir de los caballos herrados, del rodar de los carruajes sobre las empedradas calles; entre los melosos pregones del mercado de la plaza y del incesante repicar de las campanas de la catedral, llegó navegando las lacustres aguas desde Chalco hasta la acequia junto a la Plaza Mayor.

Vivió varios años con sus tíos, adaptándose de maravilla a esa bulliciosa atmósfera citadina. Pero, más que nada, la capital del virreinato le asombraba por sus colegios, conventos, hospitales y la tan admirada y anhelada Real y Pontificia Universidad. Mientras esperaba para entrar a esta, Juana Inés se enfocó en el estudio de los libros que encontró en casa de sus tíos, no obstante que estaban impresos en latín. Ahí demostró nuevamente la brillantez de su intelecto al aprenderlo con el padre y bachiller Martín de Olivas, de manera rapidísima en unas cuantas semanas.

Durante esa época, Juana Inés devoró con avidez las obras de grandes filósofos y escritores como Horacio, Virgilio, Ovidio, Garcilaso de la Vega, Góngora y Calderón de la Barca. A los trece años alcanzó tal grado de tenacidad en sus estudios que se cortó el pelo como castigo por no alcanzar una de sus metas. «Como castigo de mi rudeza [*tontería* en castellano del siglo XVII], porque no me parecía razón que estuviese vestida de cabellos cabeza que estaba tan desnuda de noticias, que era más apetecible adorno», describió la joven. Aunque la rigidez de la sociedad hacia las mujeres logró que su sueño de asistir a la universidad no se cumpliera jamás, el sueño de seguir aprendiendo el resto de su vida lo cumplió a pie juntillas.

La fama de su precoz sabiduría le valió una invitación a la corte en 1664, cuando llegaron los virreyes de Mancera, Antonio Sebastián de Toledo Molina y Salazar y su esposa doña Leonor María Carreto. Sus tíos llevaron a la culta adolescente de dieciséis años a Palacio, donde permaneció con el título de «dama muy querida de la señora virreina». Doña Leonor le tomó tal aprecio a la joven, inteligentísima y muy bella Juana Inés que tuvieron una relación sumamente cercana, convirtiéndose no solo en su dama, sino en una verdadera amiga. A la virreina de Mancera, también mujer culta, sensible y fina a la que Juana llamaba «Laura», le dedicó muchos y muy afectuosos sonetos. Octavio Paz, Premio Nobel de Literatura y docto sorjuanista, explicó así sus juveniles años en la corte de los virreyes: «A los dieciséis años es dama de compañía [...] nos llegan los ecos de las fiestas y concursos en que Juana, niña prodigio, brillaba. Hermosa y sola, no le faltaron enamorados».

Pero los tiempos de Juana Inés en la corte no fueron del todo fáciles. Vulnerable por su condición, sufrió constantes intrigas y envidias entre cortesanos, nobles y canónigos. Por otro lado, la naturaleza lúdica del virrey Mancera, su amistad con doña «Laura» y la presencia de poetas, escritores y hombres de ciencia compensaron las dificultades. En la corte encontró una cierta protección paterna, además de amistades, maestros, damas de honor a su servicio, majestuosas reuniones, ingeniosas charlas de mesa, noticias del resto del mundo y, por sobre todas las cosas, obtuvo libre acceso a los libros que la nutrieron de vasta sabiduría.

La insospechada sapiencia de Juana Inés despertó las dudas de algunos cortesanos que asistían a los convites palaciegos. Sin embargo, la confianza y la admiración del virrey le hicieron responder con la organización de un examen para medir los conocimientos de la joven genio ante un grupo de cuarenta eruditos en temas del saber humano y el divino. Teólogos, escriturarios, filósofos, matemáticos, historiadores, poetas y humanistas le formularon un sinfín de preguntas frente a la corte entera. Presentes también estaban cortesanos escépticos, desconfiados y prejuiciosos. Juana Inés contestó todas las preguntas con una brillantez insólita, con total fluidez, y dejó a todos con la boca abierta.

La joven había cimbrado la estructura intelectual del virreinato. Nadie podía creer que alguien tan joven y de origen tan modesto, sin recursos económicos, hubiera leído y aprendido tanto. Menos aún que se tratara de una mujer. Su vasto conocimiento, su aplomo y su pesonalidad, su simpatía y belleza despertaron la absoluta admiración tanto de sus protectores como de todos los que presenciaron el inusitado hecho. El suceso levantó revuelo. Su hazaña le trajo inmensa fama y reconocimiento. Juana Inés de Asbaje y Ramírez de Santillana, incluso más allá de la Nueva España, era toda una celebridad. Evidentemente, los problemas no se hicieron esperar.

«Esta tarde mi bien... que el corazón me vieses deseaba»

Los años cortesanos transcurrieron entre tertulias, convites, estudios y quehacer literario. La pluma de Juana Inés trabajaba sin cesar. Populares obras de teatro y poemas la ocuparon durante esta época. Escribió versos cargados de perfección métrica. El estilo barroco fluía naturalmente de aquellas composiciones. Mas si el barroco era el estilo artístico en su máximo apogeo, lo que ella escribió de ningún modo era exagerado. En verdad reflejaba el caudal de sus conocimientos y de los sentimientos que la desbordaban.

Por entonces, Juana Inés debió conocer el amor. Aunque no se tenga certeza contundente, mucho se ha discutido sobre su vida amorosa, ya que escribió prolíficamente sobre este sentimiento, de los celos y del desamor. Pero, como bien sugiere Octavio Paz, si esos versos amorosos fueron en ella encarnados o no, es lo de menos en relación con lo excelso de su creación poética y su increíble talento. El amor fue un tema constante en su poesía. Se dijo que amó y fue amada. Ella misma lo expresó

en liras y sonetos, con la advertencia en la *Respuesta a sor Filotea,* que todo lo que escribió, excepto el *Primero sueño,* fue por encargo. «Esos amores hayan sido ajenos o propios, vividos o soñados: ella los hizo suyos por gracia de la poesía», concluyó Paz.

Esta tarde, mi bien, cuando te hablaba
como en tu rostro y tus acciones vía
que con palabras no te persuadía
que el corazón me vieses deseaba.

Tal vez ni el corazón roto ni el peso de ser hija natural sin una dote económica para contraer matrimonio fueron los verdaderos motivos por los que tomó la decisión de no corresponder a los muchos cortesanos que la pretendieron. Juana Inés preferiría tomar los hábitos y ordenarse como religiosa. Rechazó el matrimonio como única alternativa para la vida de una mujer. Lo que ella en realidad quería era dedicarse a escribir y a estudiar, y esa era una opción que no tenía. Vivir sola era impensable. Así que, entre matrimonio o claustro, decidió no renunciar a su pasión por saber y se convertiría en monja para no separarse de sus libros.

Fray Antonio Núñez de Miranda, el sacerdote jesuita que fue su confesor, la animó a que profesara, como única solución a su disyuntiva. De forma perversa, se lo echó en cara a la larga, traicionándola y acorralándola por su condición de mujer y monja, recriminándole su quehacer literario por encima del quehacer religioso. Ella estaba totalmente convencida y resuelta ante su vocación intelectual, pero la pesada losa del juicio del sacerdote cerca del final de su vida, así como el de muchos otros religiosos que la persiguieron por su producción literaria, sería lapidaria.

Sor Juana y el claustro cómplice

La primera vez que Juana Inés intentó convertirse en monja, para poder continuar con su vida de estudio, entró como novicia al convento de las carmelitas descalzas, el 14 de agosto de 1667. Las duras condiciones y el tabardillo, una especie de tifus, la obligaron a abandonarlo tres meses después. No era para menos; dicho convento carmelita albergaba a la más estricta y austera congregación religiosa de toda la Nueva España. Quizá por ello se la recomendó Núñez de Miranda, con la idea de romperle el deseo y la osadía de seguir estudiando y aprendiendo «como si fuera un hombre».

Tras el fallido intento, durante un año y medio siguió viviendo en la corte, bajo los cuidados cariñosos de su amiga la virreina, doña Leonor. Finalmente, con la salud repuesta y la dote negociada por su confesor, Juana Inés ingresó al convento donde pasaría el resto de su vida el 24 de febrero de 1669. En el convento de San Jerónimo, una vez profesada como monja, compró por trescientos pesos oro la celda de dos pisos que habitó por veintisiete años.

Iniciaba su odisea intelectual en aquel claustro que se convirtió en el cómplice perfecto. Aunque reducido el espacio, su celda le proporcionó soledad y refugio para concretar esos mundos a los que por fin podría dedicarse en cuerpo y alma. Nacía entre esas paredes la más erudita de las escritoras; bajo el hábito de una religiosa, la pluma más talentosa que habría de dar el siglo XVII novohispano. A los veinte años, Juana Inés de Asbaje y Ramírez de Santillana se convirtió en sor Juana Inés de la Cruz.

Compaginó muy bien la vida conventual con su actividad literaria. Paralelamente, y junto a las otras cien religiosas jerónimas, sor Juana realizó toda clase de trabajos comunitarios: llevaba la contabilidad, el archivo, las compras y, con enorme gusto, la cocina. Consumada cocinera, escribió el recetario del convento colmado de barrocas creaciones culinarias. Recuperó así los sabores y platillos de toda una época:

manchamanteles, suspiros, buñuelos, huevos reales y bienmesabes, entre otras suculencias. Sin duda, disfrutaba también estudiar las cosas cotidianas. La cocina era para ella un laboratorio en el que podía experimentar un sinfín de combinaciones. Las letras se encontraron al fogón. Los estudiantes de gastronomía de la Universidad del Claustro actualmente practican en el restaurante-escuela Zéfiro —como el título de uno de sus poemas—, preparando sus afamadas recetas al pie de la letra.

Pero todo lo anterior lo hacía con gran rapidez y eficacia para destinar el mayor tiempo posible a la creación de su obra monumental. A sus lecturas, a sus letras. Algunos lo llaman su «edificio literario». Sor Juana dio rienda suelta a su pasión por el conocimiento. Incluso en el desvelo de la noche, abordó distintos campos del quehacer humano.

La monja erudita logró reunir una biblioteca personal con más de cuatro mil tomos, además de completar tal joya con instrumentos musicales y algunos aparatos científicos. Estudiaba física, lógica, retórica y derecho. Su curiosidad por el saber en general, como una unidad, no como especialidad de un tema en particular, le dio una cultura enciclopédica. Se interesó entonces por la ciencia, también por la teología, sin ser los asuntos divinos su materia favorita. Comentó todo tipo de temas, mezclándolos en sus escritos y poemas. A todos les dedicaba genuina curiosidad y erudición. Admiradora rendida del universo y de sus formas, por considerarlo inexplicable para el alma humana.

Altos vuelos alcanzó desde su celda de monja jerónima, desde su mente libre y afanosa mano. Sus letras sacudieron al mundo. Comedias, sainetes, autos y loas, sonetos, liras, endechas y romances, villancicos en latín, en español o en náhuatl para ser cantados. Su fama era mucha, por lo que mantenía una nutrida correspondencia con escritores, poetas, eruditos e intelectuales del virreinato, de España, de Portugal y otros lugares de América. Gran amiga del escritor mexicano

Carlos de Sigüenza y Góngora, quien, junto con ella, figuró entre los más destacados intelectuales del periodo.

Aquella celda fue «laboratorio, biblioteca, salón, allí se recibe y conversa, se leen versos, se discute, se oye buena música. Desde el convento, sor Juana participó en la vida intelectual palaciega. Versifica sin cesar. Escribe comedias, villancicos, loas, un tratado de música, reflexiones de moral. Entre el palacio virreinal y el convento hay un ir y venir de rimas y obsequios, parabienes, poemas burlescos, peticiones. Niña mimada, décima musa», en palabras de Octavio Paz.

Pero, de pronto, la vida le dio un golpe inesperado. Los protectores de sor Juana, los virreyes de Mancera, regresaron a España en 1672, dejando un gran vacío en la monja de veinticinco años. Doña Leonor, su «Laura», su gran apoyo y un afecto muy cercano, se marchó. El vacío pronto se convirtió en un profundo dolor, al enterarse de que Laura enfermó de camino a Veracruz y murió a los pocos días. Compuso entonces sentidos y muy célebres sonetos a su amada benefactora y amiga.

Por esas mismas fechas, el cabildo de la Ciudad de México distinguió a la ya célebre monja con un importante encargo, nada más y nada menos que componer el poema que acompañaría el *arco triunfal* para festejar la llegada del nuevo virrey. Los arcos triunfales, acostumbrados durante los tres siglos del virreinato, eran estructuras arquitectónicas efímeras; es decir, arcos barrocos decorados con signos mitológicos, emblemática y alegorías con que se celebraban grandes ocasiones y festejos —como la llegada del nuevo representante del rey de España—, y que se destruían una vez terminado el acontecimiento. Sor Juana escribió el *Neptuno alegórico*, un poema magistral sobre las semejanzas entre Tomás Antonio de la Cerda, el gobernante entrante, y el dios clásico del océano, Neptuno. Tan complacidos quedaron los nuevos virreyes, los marqueses de la Laguna y condes de Paredes, que, además de aplaudir la singular obra —y darle una buena remuneración económica—, María Luisa Manrique de Lara y Gonzaga, la virreina, se

convirtió en su nueva protectora y su gran amiga. La poetisa escribiría en su honor numerosos versos y sonetos, a la conocida desde entonces como «divina Lysi». El corazón de la monja se repuso de la pérdida de Laura.

Mucho se ha especulado sobre la posible existencia de una relación amorosa entre sor Juana y las virreinas, Laura y Lysi; sin embargo, en el siglo XVII gozaban de gran popularidad en los círculos cortesanos los sonetos y poemas dedicados al amor platónico; era una correspondencia muy usual entre amigas. Por eso, la romántica y almibarada temática de los versos que les dedicó se explica perfectamente en el marco de esa tendencia barroca en las letras de la época.

Sor Juana Inés de la Cruz es en ese momento la más afamada escritora que haya visto jamás la Nueva España. Entre 1680 y 1695 alcanzó la mayor producción de su obra. Escribió 211 obras profanas, 267 religiosas y más de cien poemas en honor de los virreyes y las virreinas que le brindaron su apoyo desde muy joven. Es ella quien se encargó de escribir sobre y para los más altos círculos políticos e intelectuales. Dedicó decenas de elogios a músicos, escritores, cortesanos y amistades que incesantemente la visitaban en su feudo de cultura y sabiduría. Entre esas breves pero lúdicas paredes del convento que inspiraron su grandeza.

Cuando Lysi regresó a España, pidió a sor Juana una recopilación de su poesía para publicarla en la metrópoli. El primer volumen de sus obras apareció al poco tiempo y tuvo gran aceptación. Margo Glantz, escritora sorjuanista por antonomasia, refiere divertida el exagerado y barroco título completo de ese primer libro publicado en Madrid, en 1689:

> *Inundación castálida*, de la única poetisa, Musa Décima, Sor Juana Inés de la Cruz, religiosa profesa en el Monasterio de San Jerónimo de la Imperial Ciudad de México, que en varios metros, idiomas y estilos, fertiliza varios asuntos, con elegantes, sutiles claros, ingeniosos, útiles versos;

para enseñanza, recreo y admiración, dedícales a la Excma. Señora Doña María Luisa Gonzaga Manrique de Lara, Condesa de Paredes, Marquesa de la Laguna, y los saca a la luz Don Juan Camacho Gayna Caballero del Orden de Santiago, Mayordomo y Caballerizo que fue de su Excelencia, Gobernador actual de la Ciudad del puerto de Santa María.

A partir de *Inundación castálida*, sor Juana encarna a la Décima Musa, al Fénix de América. Resulta impresionante la hazaña: que se publicara a una mujer y que esta alcanzara gran reconocimiento como escritora, poeta y filósofa. Pero, de la mano con la admiración, llegó también la desgracia. Lapidante censura y crítica feroz de dos poderosos personajes religiosos nublarían el panorama de la escritora. La fortuna le volteó la espalda a la erudita Juana Inés.

Sin sus protectores en el Palacio Real, en septiembre de 1688 los debutantes virreyes don Gaspar de la Cerda Sandoval Silva y Mendoza y su esposa, doña Elvira de Toledo, tomaron posesión de sus cargos. En esta ocasión no entablaron amistad con la monja. Sor Juana entonces quedó a merced de los pesados juicios de dos altos jerarcas de la Iglesia de la Nueva España. Los poderosos prelados no consintieron que una mujer, que una monja, no dedicase su vida y pensamientos de manera exclusiva a la vida religiosa. Comenzaba su batalla contra la cerrazón y persecución para que abandonara la escritura. El que sor Juana escribiera, leyera, estudiara, e incluso pensara, violentaba de manera escandalosa los cánones de la religión católica.

La peor del mundo

Los embates contra su obra y su persona comenzaron de manera particular. En plena cumbre intelectual, manipulada por su supuesto amigo y protector, Manuel Fernández de Santa Cruz, obispo de Puebla, sor Juana impugnó con un manuscrito el sermón del padre portugués Antonio de Vieyra. En este le cuestionaba conceptos

sensibilísimos como los límites que existen entre el mundo humano y el divino, así como el amor a los hombres y el amor a Dios. La monja le envió tal manuscrito.

El obispo Fernández de Santa Cruz, traicionando la confianza de su amiga, lo publicó en Puebla, sin su consentimiento, con el título de *Carta Athenagórica*, el 25 de noviembre de 1690. El prólogo lo escribió él mismo, firmando con el pseudónimo femenino de sor Filotea de la Cruz (haciendo sorna a Sor Juana). En el escrito utilizó a la monja para atacar a su enemigo, Francisco de Aguiar y Seijas, pupilo del padre Vieyra y obispo de la Ciudad de México, cargo que, a su sentir, De Aguiar y Seijas no merecía, sino él. Haciéndose pasar entonces por sor Filotea, reprendió y censuró a sor Juana por no dedicarse a las letras religiosas con el mismo fervor con que se dedicaba a las profanas. Nunca imaginó la monja jerónima que la traición provendría de su «amigo», quien la atacó públicamente por su supuesta falta de vocación religiosa... o quizá, simplemente, por ser la mujer inteligente que llegó a ser.

Así lo expresó ella misma en la autobiográfica y celebérrima carta *Respuesta a sor Filotea de la Cruz*, del primero de marzo de 1691, donde se defendió del obispo de Puebla, sosteniendo su amor por las letras profanas. La claridad e inteligencia de sor Juana develaron el ataque del que era objeto por ser mujer. *Respuesta a sor Filote*a es un documento que defiende la condición femenina. Subraya la necesidad de formar a las mujeres y sugiere que ancianas doctas impartan una educación universal para estas y, con gran ironía, rechaza su inferioridad intelectual. Reafirmó su derecho al saber, al estudio, a la libertad, y defendió ese derecho a la palabra y al conocimiento, cimbrando a esa sociedad discriminatoria con poderosos y clarísimos cuestionamientos:

> los privados y particulares estudios ¿quién los ha prohibido a las mujeres? ¿No tienen alma racional como los hombres? ¿Pues por qué no gozará el privilegio de la ilustración de las letras con ellas? ¿No es capaz de tanta

> gracia y gloria de Dios como la suya? ¿Pues por qué no será de tantas noticias y ciencias que es menos? ¿Qué revelación divina, qué determinación divina, qué determinación de Iglesia, qué dictamen de la razón hizo para nosotras tan severa ley?

Pero la brillantez y sagacidad de su defensa no fueron suficientes; el daño ya estaba hecho. La presión de los prelados fue devastadora y sor Juana Inés fue obligada a callar. Aceptó la humillación y firmó forzada un lacerante documento, el 5 de marzo de 1694, en el que «renuncia a los estudios humanos para proseguir el camino de la perfección». Entregó para su venta los cuatro mil volúmenes de su excepcional biblioteca, su colección de instrumentos musicales y sus artefactos científicos para evitar problemas con el Santo Oficio y mitigar la ira de sus enemigos. Una de las más grandes bibliotecas de América se perdía para siempre por la oscuridad de la intolerancia.

¿Por qué calló? La doblegaron diversas circunstancias: la religión asfixiante, los ciegos hombres de la Iglesia, su condición de mujer, los tiempos que le tocó vivir. A pesar de la gran audacia para convertirse en la mujer desafiante que quiso ser, optó por no ser condenada por la Iglesia. ¿A dónde iría? No quiso tampoco poner en riesgo su vida. Ya no contaba con el apoyo del virrey, sumamente impopular por ese tiempo, y muy debilitado ante el poder de la Iglesia. No tenía más opción.

El día más aterrador de su vida había llegado. Sor Juana Inés de la Cruz dejó de escribir. Los años siguientes significaron quedar todavía más sola, aún más desvalida ante los embates del obispo de México, De Aguiar y Seijas, y de su confesor, el padre Núñez de Miranda. Y en España ya había muerto su protector, el virrey de la Laguna, y Lysi, su viuda, ya poco podía ayudarle. Resignada, sor Juana renovó sus votos religiosos y se retractó de todo aquello que había sido, firmando devastada con su sangre como «la peor del mundo»: «Aquí arriba se ha de

anotar el día de mi muerte, mes y año. Suplico, por amor de Dios y de su Purísima Madre, a mis amadas hermanas las religiosas que son y en lo adelante fuesen, me encomienden a Dios, que he sido y soy la peor que ha habido. A todas pido perdón por amor de Dios y de su Madre. Yo, la peor del mundo: Juana Inés de la Cruz».

En silencio, mas nunca muda

En su condición única de monja y ante una terrible epidemia, sor Juana atendió amorosa y solícita a sus hermanas jerónimas enfermas de cólera. La inconmensurable poetisa sor Juana Inés de la Cruz se contagió de la mortífera peste y murió el 17 de abril de 1695, a los cuarenta y seis años, en su convento de San Jerónimo, donde todavía habita su imborrable presencia.

Eduardo Galeano explica su dedicación a las letras, así como la segregación y persecución a las que se condenó rigurosamente a las mujeres que se atrevieron a romper los moldes que debían habitar:

> Juana Inés de la Cruz se hizo monja para evitar la jaula del matrimonio. Pero también en el convento su talento ofendía. ¿Tenía cerebro de hombre? ¿Por qué escribía con letra de hombre? ¿Para qué quería pensar, si guisaba tan bien? Y ella burlona, respondía: —¿Qué podemos saber las mujeres, sino filosofías de cocina?
>
> [...] Juana no sólo escribía, sino que escribía indudablemente bien. En siglos diferentes, y en diferentes orillas de la misma mar, Juana, la mexicana, y Teresa de Ávila, la española, defendían por hablado y por escrito a la despreciada mitad del mundo.
>
> Como Teresa, Juana fue amenazada por la Inquisición, por la Iglesia, su Iglesia la persiguió, por cantar a lo humano tanto o más que a lo divino, y por obedecer poco y preguntar demasiado. Con sangre, y no con tinta, Juana firmó su arrepentimiento. Y juró por siempre silencio. Y muda murió.

Pero no, sor Juana no muere muda. Los siglos no han podido callar una sola nota de esa valiente voz y de esa extraordinaria pluma. Abrió y surcó brecha profunda. La vida cultural del virreinato, y de toda nuestra historia, no se explica sin su voz, sin la obra de la más famosa de todas las escritoras mexicanas. Sor Juana Inés de la Cruz ha iluminado a generaciones de escritoras que, a lo largo de los siglos y alrededor del mundo, se han sentido inspiradas, iluminadas, motivadas por su rebeldía, por su ingenio y su grandeza. Desde aquel brillantísimo siglo XVII, sor Juana trazó el camino de la literatura escrita por mujeres.

Hoy es la única *persona ilustre* en nuestro país que tiene un monumento sin sus restos, un cenotafio, en la rotonda del panteón de Dolores. Los restos que se atribuyen a ella, encontrados durante la restauración y construcción de la Universidad del Claustro de Sor Juana en 1979, reposan debajo de la capilla del convento de San Jerónimo. Esa duda no permite que estén en la Rotonda de las Personas Ilustres. La duda en todo caso es su aliada. Su forma material reposa justamente donde ella quiso descansar en la eternidad. En aquel convento donde se encontraba su amada y maravillosa celda, la celda desde la cual emanaron las luces brillantísimas de la creación de un individuo excepcional. Desde donde brotó la audacia y la genialidad de una mujer que trascendió, justamente, mediante aquello que le decían que no podría lograr por ser mujer, hace ya trescientos veinticinco años.

Si bien es verdad que sor Juana Inés de la Cruz no pudo vencer los ataques de los tres poderosos hombres de la Iglesia que la silenciaron en vida, Manuel Fernández de Santa Cruz, Antonio Núñez de Miranda y Francisco de Aguiar y Seijas, indirectamente años atrás ya los había denunciado, certera e ingeniosa. Había señalado la censura que los hombres imponían a las mujeres en su existencia entera. Es uno de sus más osados argumentos. El más irónico según su propia vida. Aseguraba que eran ellos los causantes de todo lo que reprochaban a las mujeres. Ese argumento resuena hoy, más fuerte que nunca:

Hombres necios que acusáis
a la mujer sin razón,
sin ver que sois la ocasión
de lo mismo que culpáis.
[...]
Combatís su resistencia
y luego, con gravedad,
decís que fue liviandad
lo que hizo la diligencia.
[...]
Parecer quiere el denuedo
de vuestro parecer loco,
al niño que pone el coco
y luego le tiene miedo.
[...]
Opinión ninguna gana,
pues la que más se recata,
si no os admite, es ingrata,
y si os admite, es liviana.
Siempre tan necios andáis,
que, con desigual desnivel,
a una culpáis por cruel y
a otra por fácil culpáis.
[...]
Dan vuestras amantes penas
a sus libertades alas,
y después de hacerlas malas,
las queréis hallar muy buenas.
[...]
¿O cuál es más de culpar
aunque cualquiera mal haga:
la que peca por la paga
o el que paga por pecar?
[...]

Guerra de Independencia

V. María Ignacia Rodríguez de Velasco y Osorio,

la Güera Rodríguez

Orgullosa criolla, temprana mexicana

Ciudad de México, 20 de noviembre de 1778 -
Ciudad de México, 1 de noviembre de 1850

¿Qué hace una mujer frente a la injuria?
La Güera Rodríguez fue injuriada por la sociedad de principios del siglo XIX,
pero decidió enfrentar la condena social y responder con rebeldía.

ELVIRA HERNÁNDEZ CARBALLIDO

La figura de la Güera Rodríguez refleja la vida de una mujer oculta detrás de la leyenda. Su figura está hecha de las *habladas* de muchas voces, algunas de sus tiempos y otras de tiempos posteriores. A María Ignacia prácticamente la conocemos *de oídas*. Y esto se debe en gran medida a los desproporcionados relatos que Artemio de Valle Arizpe escribió más de un siglo después, en 1949, acerca de esta mujer de la Independencia de México. O quizá se debe a la admiración que, sobre su extraordinaria belleza, el explorador alemán Alexander von Humboldt le profesó durante su viaje a la Nueva España, en 1803, al señalarla como «la mujer más bella que había visto jamás».

La Güera Rodríguez es de esos personajes cuya leyenda es más grande que la mujer de carne y hueso; es, desde su tiempo en vida, todo un mito. En nuestro imaginario colectivo, en nuestra cultura popular, su imagen es la de una mujer a la que, si bien fue intrépida, hermosa, inteligente y valiente, también se le acusa de haber sido manipuladora, demasiado astuta, de moral ligera, adúltera. La sociedad de finales del siglo XIX, desde la injuria, la insultó, agravió y ofendió, con la única intención de desacreditarla públicamente, incluso ante el Santo Oficio.

De ella se dijo que fue una conspiradora que se valió de la seducción para obtener favores para la causa independentista, puesto que hacía públicas sus alabanzas al movimiento. Sobre este punto, la leyenda incluso toma proporciones épicas: ¿los personajes seducidos? Nada más y nada menos que un joven Simón Bolívar de diecisiete años —antes de su epopeya libertadora en las Américas—, el famoso Alexander von Humboldt y el primer emperador de México, Agustín de Iturbide, entre otros personajes.

Tremenda leyenda se construyó alrededor de ella. En muchos sentidos. ¿Logró ser tan importante para la causa de la Independencia? ¿Convenció al realista Iturbide de pasarse al bando insurgente? Y en tono de novela de corazón, ¿tuvo aquellos excéntricos y apasionados amoríos? ¿Fue capaz de provocar la muerte de su segundo marido con un deliberado disgusto acompañado de una indigesta y ponzoñosa guanábana? ¿Evitó un juicio de la Inquisición por su belleza y astucia?

María Ignacia Rodríguez de Velasco y Osorio, la Güera Rodríguez, como se le conoce más familiarmente, es entonces la construcción formada por muchos adjetivos acumulados durante distintos momentos históricos. En realidad no se dispone de documentos que comprueben las supuestas artimañas que utilizó para entablar las relaciones personales y amorosas con dichos personajes: María Ignacia no dejó documento alguno escrito por su propia mano, ni tampoco los famosos personajes dejaron referencias sobre el tema. Lo que no se puede negar es que su emblemática figura histórica, la de su personaje, encarna el rostro del tiempo del México que conoció: el de los criollos poniendo punto final al virreinato; el de los mexicanos construyendo su país.

La Güera Rodríguez es una de las decenas de mujeres que participaron, de una u otra forma, en la lucha independentista que los novohispanos iniciaron en contra de la Corona española. Sencillamente presenció el nacimiento de nuestra patria. Claro que no fue la única mujer que lo hizo. Muchas otras colaboraron en el movimiento insurgente, ya fuera conspirando en reuniones clandestinas, consiguiendo armamento, donando sus fortunas, uniéndose a las tropas, cocinando y lavando ropa, o incluso tomando las armas y participando en

las batallas: Josefa Ortiz, Leona Vicario, Gertrudis Bocanegra, Mariana Rodríguez del Toro, Altagracia Mercado, María Soto la Marina. Todas ellas formaron parte de esas decenas de mujeres que se unieron a la causa libertadora. Durante los primeros años de lucha, pueblos enteros de hombres, pero también mujeres y niños, que no tenían más nada que perder, se unieron de un plumazo a las huestes de Miguel Hidalgo en busca de cambiar su destino.

La Güera Rodríguez, por su parte, asistió a las juntas conspiradoras de la Profesa en los años tardíos de la consumación de la Independencia, hacia 1821. Sin embargo, el resto de su participación es parte del mito, quizá de la exageración de su papel en el movimiento. Habrá que desenredar dicho mito para conocer a la verdadera mujer detrás de la leyenda.

«Abriendo con sus pestañas heridas de las que no se cierran»

María Ignacia Javiera Rafaela Agustina Feliciana Rodríguez de Velasco y Osorio Barba Jiménez Bello de Pereyra Hernández de Córdoba Solano Salas y Garfias nació en el corazón de la sociedad criolla, en el seno de una de las familias más ilustres de la capital de la Nueva España, el 20 de noviembre de 1778. Su padre, Antonio Rodríguez de Velasco y Jiménez, era regidor perpetuo de la Ciudad de México, y su madre, María Ignacia Osorio Barba y Pereyra, hija de un mayorazgo; es decir, la figura legal que permitía transmitir por herencia al hijo mayor la propiedad de los bienes de la familia y que tenía como fin evitar la disgregación de las fortunas.

Amén de sus ilustres apellidos, el círculo social en el que se movió la pequeña María Ignacia era de altos vuelos. Se trataba de la élite mexicana. Su infancia transcurrió también entre españoles, pero sobre todo entre los criollos que ya sentían arraigo y pertenencia a estas tierras americanas, tal como ella, por sus usos y costumbres, por sus creencias y sabores. Eran los criollos americanos por crianza, no por raza,

nacieron aquí, fueron criados en tierra americana. Las familias criollas tenían ese fuerte arraigo y esa sensible pertenencia entre sí. Convivían en frecuentes visitas y tertulias, asistían rigurosamente a la iglesia, así como a todas las festividades religiosas, como parte de una nutrida y muy cerrada vida social. A ese mundo criollo pertenecía la niña María Ignacia.

Un mundo de criollos y españoles (los nacidos europeos), en el que el resentimiento entre ambos se ahondaba cada día más. Hacia 1683, el virrey novohispano y marqués de Mancera, Antonio Sebastián de Toledo Molina y Salazar, señalaba detalladamente el escenario que prevalecía:

> queda insinuado en su lugar la poca unión que de ordinario corre entre los sujetos nacidos en las Indias y los que vienen de España. De esta inveterada costumbre, que ya pasa a ser naturaleza, no se libran el más austero sayal ni el claustro más retirado, porque en todas partes resuenan, cuando no los ecos de la enemistad (que nunca deben suponerse entre personas que profesan virtud y religión), los de la desconformidad, pretendiendo los criollos, por la mayor parte, no ser inferiores a los de Europa, y desdeñando estos la igualdad.

Durante su infancia y adolescencia, María Ignacia recibió una educación formal doméstica —no hay registro escolar alguno— que le permitió leer y escribir con perfecta soltura. Sin embargo, entre su círculo más cercano sobresaldría más por ser una joven de extraordinaria belleza que por ser una lumbrera, sin que ello demeritara su esmerada educación y su gran capacidad de conversación. El tema de su arrebatadora belleza será siempre preponderante en los relatos sobre ella. Asidua de pasear por la ciudad, a la Güera le gustaba ver y ser vista en los trayectos a reuniones sociales y a servicios religiosos, «abriendo con sus pestañas heridas de las que no se cierran». Valle Arizpe no se modera y continúa la descripción de sus andares cotidianos con desbordante admiración:

> Poseía doña Ignacia Rodríguez de Velasco empaque, apostura, una gallardía de rosa de Castilla en alto tallo [...] ¡Esos ojos azules, cuánto sabían decir! ¡Y cómo lo decían! Su luz interior le salía a doña María Ignacia al rostro en la gracia de los ojos, en la imponderable seducción de sus sonrisas. Era armoniosa de cuerpo, y alta no era, su cabeza llegaba al corazón de cualquier hombre.
>
> Oír la voz de doña Ignacia era lo más lindo que había, su habla era música suave de fluir de agua, de fino manicordio de cristal de campanilla de plata que estremece el aire con su son y deja halago en los oídos. Muchas gentes que desde niña la oyeron hablar con esa dulzura cantarina.
>
> Caminaba con mucho garbo, gentileza, soltura y agilidad airosa. Por donde iba doña María Ignacia no era posible de ninguna manera que pasase inadvertida para nadie su muy gentil presencia, así fuese en la iglesia como en el paseo, por más aglomeración de gente que hubiera, ella sobresalía. Entre millares se diferenciaba. Era dechado de toda beldad, pues su belleza tenía excelencia, no como quiera, sino absoluta.
>
> Su belleza poseía la particularidad de ser más atractiva y deslumbrante al primer golpe de vista; cuanto más se la miraba más hermosa parecía. El color de sus largos cabellos, de oro fluido, le daban el mote con el que todo el mundo la designaba: la Güera Rodríguez.

En el destino de la rubia María Ignacia estaba el casarse tres veces. Su inusual belleza por supuesto tuvo algo que ver, pero también su personalidad cautivadora, su ingenio y su vasto conocimiento sobre política y temas científicos. Con tan solo dieciséis años, se casó con el capitán José Jerónimo Villamil, burócrata con mucha más suerte que fortuna, pues, aunque funcionario del gobierno de Tacuba, era heredero de un mayorazgo no demasiado próspero.

A puerta cerrada, el matrimonio estuvo mal avenido desde un principio. A pesar de los seis hijos que tuvieron, Villamil le dio mala vida a su esposa, por sus enfermizos celos y continuas inseguridades ante

la avasalladora personalidad de María Ignacia. De la relación nacieron Josefa, Antonia, Jerónimo, Agustín (muerto en la infancia), Guadalupe y Paz. Tras once años de peleas, golpes y malos tratos, el 4 de julio de 1802, en un acto sin parangón en su medio social, la Güera Rodríguez demandó penalmente a su marido por intento de asesinato y le solicitó el divorcio. Pareciera que la leyenda de mujer superflua y seductora se empeñará en borrar el hecho de haber sido por años una mujer golpeada y sumisa, al igual que gran parte de sus contemporáneas.

A punto de perder la vida, es su sacerdote confesor, Francisco Manuel Arévalo, quien la anima a denunciar a su agresor, y es también quien la defiende cuando, al quedar libre Villamil, acusa a la Güera de adulterio. La denuncia llegó hasta la Inquisición, pero el tribunal no la persiguió debido a que, con gran astucia, Jerónimo se defendió amenazando con hacer públicos los amoríos del inquisidor con su monaguillo. María Ignacia también narró cómo fue que, en un arranque de ira, Villamil disparó su pistola, errático, tratando de asesinarla. El marido diría después que solo había tenido intención de asustarla. Narró que dejó su casa de Tacuba para regresar a la Ciudad de México con sus padres y poder levantar la denuncia. A Villamil le fue impuesto un arresto domiciliario y fue liberado bajo fianza el 29 de agosto. Al parecer es aquí cuando toma venganza contra la Güera, al acusarla, por segunda vez, de adúltera y solicitar un divorcio eclesiástico. En realidad, fue una separación, puesto que en esa época no existía el divorcio absoluto. Villamil, loco de celos, la acusaba de adulterio sacrílego con tres curas notables: su propio compadre, José Mariano Beristáin, autor de *Biblioteca hispano-americana septentrional*; Ramón Cardeña y Gallardo, canónigo de Guadalajara, y el presbítero de México, Ignacio Ramírez.

La tormentosa vida marital de la Güera fue muy temprana: ya en 1801 su marido la acusó por primera vez de adulterio, aunque en esa ocasión se arrepintió a los diez días y retiró la acusación. El daño

contra su persona ya estaba hecho. A partir de entonces nacieron los rumores sobre la ligera reputación de la Güera. Empezaba la leyenda de su disipada y desenfrenada vida, de su pobre moral. Sin embargo, por más esfuerzos que hizo Villamil, en los autos nunca se le comprobó nada a María Ignacia, mas que las tundas y golpizas que este le propinaba. La evidencia sacó a la luz que ella era la esposa ofendida, sufrida y maltratada. Hasta los colegas, amigos y parientes de Villamil le dieron la espalda, al denunciar que habían encontrado a la Güera bañada en sangre en varias ocasiones por las golpizas recurrentes. Villamil justificó en el juicio su terrible actitud, declarándose inocente por ser víctima de su mal carácter, de un volátil y violento carácter, para decirlo con exactitud. Derrotado en su indefendible causa, prefirió retirar la denuncia cuatro meses después.

A pesar de todo lo sucedido, en algún momento el matrimonio volvió a tener vida en común, lo que dio como resultado el nacimiento de su hija más pequeña, Paz, en junio de 1805. Para ese entonces, Villamil había muerto ya. Solo la muerte puso fin a tan tumultuosa y abusiva relación. La viudez significó para la Güera la dulce salida a sus sufrimientos del corazón.

Otros sufrimientos se le presentaron a la viuda de veintisiete años con cinco hijos que mantener. María Ignacia regresó a la Ciudad de México, donde vivía su familia. Se casó y enviudó de nuevo de Juan Ignacio Briones en 1807; fue denunciada por apoyar económicamente al movimiento de Independencia, en 1810, 1814 y 1817; y, tras múltiples *ires* y *venires* financieros, se casó por tercera y última vez con Juan Manuel de Elizalde el 5 de septiembre de 1825.

De salones y tertulias

Alexander von Humboldt, en su *Ensayo político sobre el reino de la Nueva España,* fascinado por su viaje de exploración por el virreinato, expuso textualmente en 1822, y con aquel castellano a modo de la época, que:

Las leyes españolas conceden unos mismos derechos a todos los blancos; pero los encargados de la egecución de las leyes buscan todos los medios de destruir una igualdad que ofende el orgullo europeo. El gobierno, desconfiado de los criollos, dá los empleos importantes exclusivamente a naturales de la España antigua; y aún de algunos años a esta parte se disponía en Madrid de los empleos más pequeños en la administración de aduanas ó del tabaco. En una época en que todo concurria á aflojar los resortes del estado, hizo la venalidad espantosos progresos: la más veces no era una política suspicaz y desconfiada, sino el mero interés pecuniario, el que distribuia todos los empleos entre los europeos. De aquí han resultado mil motivos de zelos y de odio perpetuo entre los chapetones y los criollos. El más miserable europeo sin educacion, y sin cultivo de su entendimiento, se cree superior á los blancos nacidos en el nuevo continente; y sabe que con la proteccion de sus compatriotas, y en una de tantas casualidades como ocurren en parajes donde se adquiere la fortuna tan rápidamente como se destruye, puede algún día llegar á puestos, cuyo acceso está casi cerrado á los nacidos en este país por más que estos se distingan en saber y en calidades morales. Los criollos prefieren que se les llamen americanos; y desde la paz de Versalles, y especialmente después de 1789 se les oye decir muchas veces con orgullo: «Yo no soy español, soy americano»; palabras que descubre los síntomas de un antiguo resentimiento. Delante de la ley todo criollo blanco es español; pero el abuso de las leyes, la falsa direccion del gobierno colonial, el egemplo de los estados confederados de la América septentrional, y el influjo de las opiniones del siglo, han aflojado los vínculos que en otro tiempo unían mas íntimamente á los españoles criollos con los españoles europeos. Una sabia administración podrá restablecer la armonía, calmar las pasiones y resentimientos, y conservar acaso aun por mucho tiempo la union entre los miembros de una misma familia tan grande y esparcida en Europa, y en la América desde la costa de los Patagones hasta el norte de la California.

Se trataba de una sociedad profundamente dividida por el odio y la envidia. La Güera también sentía un profundo arraigo por su tierra, por Nueva España, por México. Sentía que ella, los suyos, los criollos novohispanos, eran quienes tenían pleno derecho a gobernarla, a decidir sobre su rumbo según sus propias necesidades y deseos; no los extraños, no los españoles que llegaban de la península Ibérica sin saber, sin sentir nada por esas tierras americanas. Con estos ideales de autonomía participó en la Independencia María Ignacia, la rubia, o mejor dicho la Güera, como se le llamaba ya a los rubios en México: güeros, como los huevos güeros, amarillos de color por estar malogrados o podridos.

En los salones o las tertulias se abrieron espacios de acceso a la actuación femenina para intercambiar ideas. Eran espacios que combinaron lo público con lo doméstico, menos rígidos y más cotidianos, y en los cuales algunas mujeres como la Güera expresaron ideas y pensamientos en exacta igualdad con los hombres. Estas reuniones juntaron en el mismo sitio a la aristocracia, a los intelectuales, a los miembros de la emergente burguesía. Eran ajenas a la tutela del gobierno monárquico, evidentemente, y al poder de la Iglesia. La participación de las mujeres de la Independencia en las tertulias criollas novohispanas contribuyó, en forma embrionaria, a una temprana emancipación femenina. Intercambiaron noticias, preocupaciones y novedades. Sobre esto, la historiadora Esperanza Mó Romero escribió:

> A partir de 1760 se pueden destacar algunas de las tertulias más relevantes de intercambio cultural y político, como las regenteadas por Lorenza Martina Romero, que puso a disposición su casa para los debates con importantes literatos y políticos de la época. A estas tertulias se fueron sumando otras de temática cada vez más política, como las que se desarrollaron en los salones de doña Mariana Rodríguez del Toro, o las aún más famosas de María Ignacia *la Güera* Rodríguez de Velasco y

> Osorio, además de las de Leona Vicario y Josefa Ortiz de Domínguez. En estos espacios, las mujeres participaron no solo como anfitrionas, sino que mostraron interés por demostrar su inquietud cultural e intelectual y cobraron protagonismo debatiendo sobre lecturas de poesía, u otros temas, apadrinaron a intelectuales y lucharon por ocupar un lugar importante en el debate político del virreinato [...]

En efecto, la conspiración de la Profesa fue armada por los criollos y los españoles ricos, conjuntamente con la alta jerarquía eclesiástica novohispana, para conspirar por la independencia del virreinato y evitar que la constitución liberal de Cádiz se instituyera también en la Nueva España y, con ello, la burguesía y el clero perdieran sus privilegios. A fin de cuentas, México nació siendo conservador, porque la Independencia se hizo para proteger los intereses de los sectores conservadores de la sociedad novohispana. Años después, Agustín de Iturbide, aunque miembro del ejército realista de Félix María Calleja del Rey, pactaría una alianza con uno de los últimos caudillos insurgentes, Vicente Guerrero, en contra del gobierno español. Bajo el estandarte que garantizaría la independencia, la unión y la religión de todos los habitantes novohispanos —máxima del Ejército Trigarante— marcharían triunfantes por la Ciudad de México el 27 de septiembre de 1821. El acta de Independencia de México vería la luz.

La Güera participaba en las conjuras políticas. Los Guadalupes eran conspiradores en favor de la autonomía dentro de la Ciudad de México. Era una red compleja y subversiva de condes, marqueses, oidores, regidores, doctores, licenciados y comerciantes que fue descubierta y severamente reprimida por Calleja, todos movidos por el férreo deseo de la independencia a como diera lugar.

Un grupo de nobles de la Ciudad de México se unió a otro de admiradores de Agustín de Iturbide. Al igual que la corte de Calleja, este salón estaba en la calle de San Francisco, en la que había sido la casa

capitular de los jesuitas: La Profesa. La Güera era la señora más notable de la época, además de que sus tres hijas estaban casadas con los nobles más prominentes, los hombres más codiciados de todo el reino: el conde de Regla, el marqués de Guadalupe y el marqués de Aguayo. También tenía un sobrino acaudalado. La hipótesis de la «conjuración de La Profesa», en la que supuestamente el sacerdote español Matías de Monteagudo persuadió a Iturbide para emprender la Independencia, se sostiene de dudosas pruebas.

Hacia el último cuarto del siglo XVIII y comienzos del XIX se organizaron en el virreinato salones y tertulias donde se divulgaban las ideas y las luces de la Ilustración europea: «Hay mucho más que una reacción conservadora contra la política de España. Existe en el movimiento de los criollos una energía y una experiencia auténticamente mexicanas en busca de una expresión nacional», dice Doris Ladd.

Entre 1804 y 1808 nace un movimiento, por parte de las élites tanto criollas como españolas, que la sociedad en su conjunto tomará como propio e involucrará al resto del pueblo. Un movimiento basado en el fervor religioso, la conservación de los privilegios y la liberación de la empresa económica en nombre de la autonomía mexicana.

Luis González Obregón escribe en su *México viejo*:

> La división entre peninsulares y colonos era ya grande (1808). Los rencores se manifestaban de mil maneras. Desde antaño habían existido, pero entonces se expresaron con franqueza. Muchos repetían un pasquín antiguo que los descontentos habían fijado en una de las esquinas del Real Palacio y en las principales calles de la ciudad:

«¡Pobre América! ¿Hasta cuándo
se acabará el desvelo?
Tus hijos midiendo el suelo
y los ajenos mamando».

Biografías manipuladas

Al final de la guerra de Independencia, la historia de la Güera Rodríguez despertó mucho interés y cobró gran fama, por lo que continuaron contándola propios y extraños de forma anecdótica, incluso familiar, pero no es la realidad. Como fue el caso de otras mujeres en la historia de México, se formó un mito a su alrededor, que la acompañaría por centurias. De su enorme belleza habló el barón de Humboldt, según le contó ella misma a Madame Calderón de la Barca, años después, en un paseo hacia San Agustín de las Cuevas (Tlalpan).

Frances Ernskine Inglis de Calderón de la Barca era la esposa del primer ministro plenipotenciario que llegó a México en representación de España, el marqués Calderón de la Barca, después de que, en 1836, la otrora metrópoli de la Nueva España reconociera al fin la independencia del virreinato. De 1839 a 1841, Madame Calderón de la Barca entabló un intenso contacto con las figuras destacadas de la sociedad mexicana y, sin duda, la Güera todavía era una personalidad, al haber presenciado los hechos de la lucha independentista. Madame Calderón de la Barca, con su aguda curiosidad y potente pluma, no dejó fuera detalle alguno de lo que la Güera le platicó sobre aquellos años turbulentos. La vasta correspondencia de la marquesa enviada a sus familiares y amigos, cargada de todo cuanto sucedía en México, se publicó en Boston, en 1843, bajo el título *La vida en México durante una residencia de dos años en ese país:*

> Don Agustín tenía muy mal talante y además, según cuenta Artemio de Valle Arizpe, se desvivía por otra señora que no era su esposa, la emperatriz Ana María, se trataba de la célebre seductora María Ignacia Rodríguez de Velasco Osorio y Barba, conocida como «la Güera», mujer muy hermosa, a decir del barón de Humboldt que la conoció. Era esta una figura de relieve social. Había nacido en 1778 y había casado tres veces y enviudado dos y de esos matrimonios le había quedado una fortuna regular y varios hijos. Tenía amantes importantes —entre ellos un virrey,

> algunos canónigos y varios militares— y era partidaria de la Independencia al punto en que hasta había organizado una conspiración que, sin embargo, fue descubierta. Tanto se apasionó con ella Iturbide, que el día de la entrada triunfal del Ejército Trigarante a la Ciudad de México, desvió el desfile para que pasara bajo su balcón y él pudiera saludarla, lo que hizo con toda galanura. Y, además, le mandó construir y arreglar una lujosa casa en Apaseo el Grande, Guanajuato. Lo que sin embargo nunca le pudo dar fue precisamente lo que ella más deseaba: el tratamiento de Alteza, al que la dama se sentía con derecho por eso que un autor llamó «su unión carnipostática» con el emperador.
>
> Por su parte la emperatriz se consolaba teniendo hijos y más hijos y comiendo dulces de leche que mucho le gustaban y que le recordaban su infancia, sus amigas y su casa solariega.

Las biografías de mujeres destacaban su ejemplaridad al cumplir con los hechos de sus vidas lo que la sociedad espera de ellas; es decir, que se realizaran como madres, esposas, educadoras de sus hijos, que los enseñaran a continuar el modelo de vida que se sustentaba en los valores del mundo cristiano. Tipo de vida que dictaban la Iglesia y la Corona española.

Artemio de Valle Arizpe, al final de su exagerado relato de vida, la redime al atribuirle por fin estos valores, como disculpándole todo aquello intrépido y transgresor de su vida. Era de esperarse en la crónica de la primera mitad del siglo XX. Pero la desdibuja, escribe un mito, una leyenda sobre la Güera. Sí, hermosa, inteligente, conspiradora, pero, al final, gran dama, esposa devota, católica y madre ejemplar. Como si necesitase justificar a la mujer adelantada que fue en su juventud.

Como si la vida de las mujeres buenas fortaleciera a la sociedad y al Estado; en cambio, la vida disoluta, el lujo y el egoísmo eran parte de la vida de los personajes que destruyen a la sociedad, porque en la época de Valle Arizpe —momento en que las mujeres todavía no

votaban— hombre y mujer estaban unidos no solo por lazos políticos, sino por el lazo más profundo: el destino del hombre, del que la mujer solo era parte para que este alcanzara su propósito, o, dicho por las abuelas hasta hace unos años, con absoluta miopía: «Detrás de un gran hombre hay una gran mujer». En ese contexto se explica la biografía tan sesgada de Valle Arizpe sobre la poderosa Güera, que murió en la Ciudad de México el 1 de noviembre de 1850, cuatro años después de reclutar fondos para defender, ahora contra la invasión estadounidense (1846-1848), eso que siempre supo suyo: México.

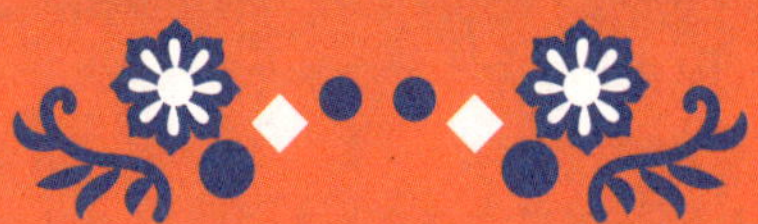

México independiente

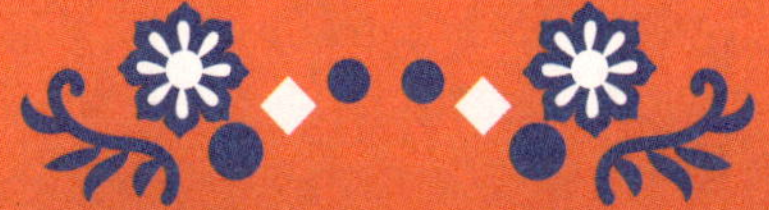

VI. Frances Erskine Inglis, la marquesa Calderón de la Barca

Una mexicana nacida lejos de casa

Edimburgo, Escocia, 23 de diciembre de 1804 -
Madrid, España, 6 de febrero de 1882

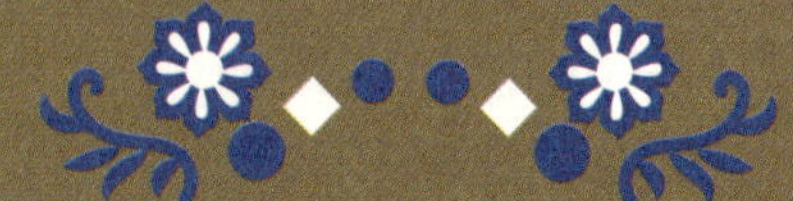

Aunque para gozar de una verdadera vista de noche tendréis
que subir a la azotea,
y contemplar a México dormido a vuestros pies;
todo el valle y la ciudad misma flotando en el plenilunio;
la altísima bóveda azul desgastada de estrellas y
mientras las montañas se bañan en plata,
los blancos volcanes parecen unir tierra y cielo.
En esto, aun el genio de Salvatore desfallecería;
es necesario evocar el fantasma de Byron.
El lápiz es impotente.
Solo la poesía puede dar una pálida idea,
de una escena tan maravillosamente bella.

MADAME CALDERÓN DE LA BARCA (La vida en México durante una residencia de dos años en ese país, *carta* X).

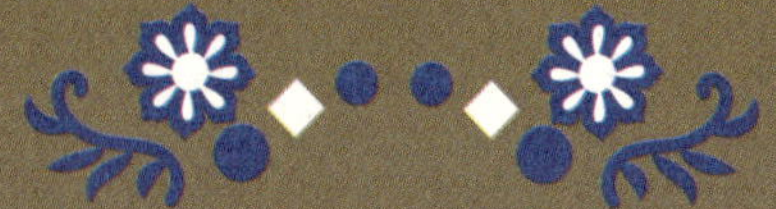

La forma de ser, es decir, de hacer, de pensar y entender la vida y el mundo de los mexicanos de la primera mitad del siglo XIX, se develó en forma minuciosa y detallada por medio de las muy curiosas y personales cartas que escribió a su familia y amigos el más inusual de los cronistas de México: una mujer extranjera. Inmigrante escocesa, maestra, de treinta y cinco años; recién casada en Nueva York con un diplomático español nacido en Argentina, avecindada en México como la esposa del ministro que representaba por primera vez a España en nuestro país, tras la firma del Tratado de Paz y Amistad, suscrito por ambas naciones en Madrid el 28 de diciembre de 1836.

Parece el inicio de una novela de aventuras y el intrincado planteamiento de su trama y personajes, pero no es así. Es la vida real de una mujer, la de Frances Erskine Inglis, conocida en nuestra literatura como Fanny, apócope cariñoso que usaban quienes conocieron a la marquesa Madame Calderón de la Barca, título nobiliario que le concedió el rey Alfonso XII muchos años después, en 1876. Esta es también la historia de cómo escribió, sin sospecha alguna de su relevancia, una de las obras fundamentales de la historia de nuestro país mientras estuvo en México, de enero de 1839 a abril de 1842, como la esposa de Ángel Calderón de la Barca, el primer ministro plenipotenciario de España, tras obtener nuestra independencia como nación. La nutrida correspondencia personal de Madame Calderón de la Barca se convirtió en libro, y este a su vez llegó a ser la obra de literatura costumbrista decimonónica por antonomasia: *La vida en México durante una residencia de dos años en ese país.*

Sus contemporáneos, escritores y cronistas mexicanos, denostaron su obra. Personalidades como Manuel Payno, Luis Martínez de Castro e Ignacio Manuel Altamirano criticaron indignados a esta inusual cronista, tachándola de ser una mujer extranjera que no entendía nada sobre nuestra idiosincrasia en su narrativa «epistolar». Estaban rotundamente equivocados, quizá porque desconocían su esmerada instrucción. Su correspondencia revela un pulido oficio de escritora, resultado de esa vida intelectual que cultivó desde su juventud. Además de su talento, la sensibilidad de Madame Calderón de la Barca nos entendió muy bien durante esa «breve estancia» en México.

Cincuenta y cuatro cartas escritas durante veinticuatro meses y veintiún días de vivencias y anécdotas políticas y sociales integraron un libro de casi quinientas páginas sobre México, su gente, sus pueblos, sus maravillas, sus gustos y vicios, sus glorias y sus horrores. Es la puntual crónica de todo «lo mexicano» que vio y experimentó, desde lo trágico hasta lo grotesco, contado con un gran sentido del humor. El retrato de nuestras costumbres no lo pintó Goya, lo hizo la marquesa Calderón de la Barca, que nos describió de manera magistral al «dibujarnos» con sus palabras.

Casi ciento veinte años después, la editorial Porrúa publicó su libro por primera vez, en 1959, para el gran público mexicano. Sin seudónimos, sin esconder la verdadera identidad de Frances, como había sucedido con sus primeras ediciones en Boston y Londres durante las décadas inmediatas posteriores a su creación; así, se convirtió esta obra «involuntaria», escrita por una mujer un siglo atrás, en el número setenta y cuatro de la mítica colección literaria Sepan Cuantos..., de la emblemática editorial mexicana.

De Edimburgo a Puente de Alvarado, pasando por Boston

No cabe duda de que la vida de Frances Erskine Inglis, Fanny, estaba destinada a lo extraordinario, a lo novelesco. ¿Cómo llegó esta escocesa al México de la primera mitad del siglo XIX? ¿Cómo llegó a este lugar donde se forjaba, hacía apenas unos años, nuestro camino como nación independiente, tras tres siglos de virreinato?

Frances Erskine nació en la cuidad de Edimburgo, capital de Escocia, la más septentrional de las cuatro naciones que integran el Reino Unido, durante el invierno de 1804, un 23 de diciembre. La antiquísima ciudad, tan majestuosa como misteriosa, embestida por las gélidas aguas y la espesa bruma del mar del Norte es una novela en sí misma. La evocadora ciudad medieval, los majestuosos castillos de sus alrededores, los oscuros callejones e interminables jardines de intenso verdor han sido el campo fértil para la tradición ancestral de contar historias, cuentos y un sinfín de leyendas. Tal ambiente debió dejar profunda huella en la joven Fanny, ya que décadas después contó una historia costumbrista con oficiosa pluma.

Aunque no fue de noble cuna, sí nació en el seno de una familia con una buena posición social y económica. Su padre fue el abogado ante la corte de Edimburgo, William Inglis de Maners y Manerhead, y su madre el ama de casa Jane Steen. Frances Erskine, cuyo segundo nombre significa en gaélico escocés «en lo alto de la montaña», fue la segunda hija de una familia católica integrada por cinco mujeres y tres hombres. Sin embargo, el destino del abogado Inglis sufrió un revés profesional al caer en la ruina económica por tener que responder como el fiador de un noble al que avalaba y que se declaró en bancarrota. William Inglis, temeroso de caer en la cárcel, prefirió mudarse con su familia al histórico puerto de Boulogne, en la costa francesa, donde murió en 1830.

Con veintiséis años, Frances Erskine acompañó a su madre y a sus hermanos a sepultar a William en tierras británicas, justo cruzando el

canal de la Mancha, en la sureña villa costera de Netley Abbey, cerca de Southampton. La situación económica de la familia se derrumbó por completo con la muerte del abogado. Tras haber vivido gran parte de su juventud en Boulogne, Francia, no tan alejada de su natal Escocia, la nueva situación de orfandad la alejó para siempre de las tierras altas escocesas. Los Inglis se vieron obligados a cruzar ya no un canal que separaba la isla del continente, sino el océano Atlántico, y llegar al otro lado del mundo, al lugar adonde emigraban miles de sus compatriotas en busca de una vida mejor: Estados Unidos de América. Jane, su madre, había decidido montar con sus hijas Frances, Kate, Harriet y Lydia un colegio para señoritas en Boston, Massachusetts.

El colegio lo ubicaron en la calle Chestnut, adjunto a la antigua casa donde residían. Boston era en esa época un lugar refinado y con gran actividad cultural, por lo que el perfil cultivado de las Inglis encajaba a la perfección. El historiador estadounidense George Ticknor aseveraba sobre dicha ciudad, en el primer tercio del siglo XIX: «Boston es una buena ciudad para vivir [...] donde existen un refinamiento y una vida cultural muy apreciables, y en la que no se percibe, cuando menos a simple vista, la pobreza o una total ignorancia».

Por su parte, Felipe Teixidor, escritor español naturalizado mexicano, prologuista de esa primera edición de Porrúa de *La vida en México,* y su biógrafo, reseñó el ambiente cultural al que llegó a vivir Frances Erskine en la ciudad sede de la Universidad de Harvard:

> Es [Boston] desde el siglo XVII la metrópoli de toda la América inglesa, reflejo en la Colonia de lo gótico en el enredijo de sus calles, precursora en fundar escuelas, universidades y bibliotecas públicas, en difundir las noticias en letra de molde, cuna de Benjamín Franklin, la de mayor fama en las efemérides de la Independencia americana, orgullosa de las grandes dinastías de los mercaderes que la hicieron opulenta, y finalmente, era una ciudad con un pasado tradicional bastante para que

> alcanzara en ella el sustento de cada día, sin desdoro de sus buenos papeles, una familia escocesa venida a menos.

Las instituciones educativas, el círculo de académicos, científicos y diplomáticos que se daban cita en la ciudad se convirtieron en los contactos cotidianos de la joven Frances Erskine. Eran sus amigos. No era para menos; ella era una mujer con un gran sentido de humor, inteligentísima, políglota, además de melómana aficionada a la composición. Fueron años en los que las profesoras Inglis entablaron amistad con grandes escritores y diversos personajes de esa trepidante vida cultural bostoniana.

Tal es el caso del historiador William H. Prescott, nacido en Salem en 1796, miembro de la Academia Estadounidense de las Artes y las Ciencias, quien años después publicaría dos obras sobre la historia de España e Hispanoamérica. También estableció Frances una estrecha y duradera amistad con el mismo George Ticknor, destacado hispanista y traductor, toda una personalidad en el mundo de la cultura norteamericana de aquella época. Teixidor narra el ambiente y la altura intelectual que rodeaba aquella amistad: «En Ticknor, que poseía una biblioteca riquísima en antiguos libros españoles, encontró a un brillante conversador con un arsenal inagotable de anécdotas derivadas de su amistad con Byron, madame de Stäel, Walter Scott, con nuestro Humboldt, con Chateaubriand, Ángel de Saavedra, el pintor Madrazo y aun con la condesa de Teba».

De ese tamaño fueron las influencias literarias de la joven maestra. Justo en el seno de esas charlas culturales, en casa de William H. Prescott, Ticknor narraba la amistad entre Frances Erskine y el historiador norteamericano, así como la importante aportación de Frances al trabajo del célebre prócer:

> Verdaderos amigos desde el primer momento, ligados por afinidades de clase y de cultura y confidencias literarias, Frances es recibida

> cariñosamente por la familia del historiador y en el círculo de sus amigos íntimos. Mas nunca pudieron imaginar que esa amistad quedaría sellada por dos libros, los dos sobre México. El uno, obra viva; vivo trasunto del pasado, el otro, ¡sorprendente capricho del destino! ¿Cómo podría adivinar el futuro autor de *Historia de la conquista de México* en esa muchacha escocesa a su corresponsal de mañana? Pues sería ella quien le proporcionaría en abundancia los colores, y también las sombras, para pintar a los indios y los paisajes del trópico y de la meseta; podrá fundar sobre verdad, por muchos documentos llegados a sus manos, gracias a su amiga, y si se relaciona con los más distinguidos historiadores mexicanos, a ella se lo debe. Y si por acaso esto no fuere bastante, sus cartas, publicadas en Boston y en Londres, ganan luego el favor del público, y otra vez se divulga el nombre del país desde el cual fueron escritas. De esta suerte, cuando el *Ensayo sobre la Nueva España*, de Humboldt, empezaba a empolvarse en los anaqueles de los clásicos, llega Madame Calderón con su libro y prepara el terreno para la obra de Prescott, y México volverá a maravillar al mundo.

Por su parte, el colegio de las Inglis despertó gran curiosidad por ser el único dirigido por mujeres, ya que a las señoritas de la sociedad bostoniana siempre las habían educado profesores particulares. Frances Erskine era una excelente profesora, al igual que sus hermanas. Todas ellas poseían gran conocimiento y cultura, y dominaban el francés y otros idiomas. Fueron muy admiradas por lo que la sociedad llamaba «sus maneras europeas», adquiridas sin duda en los años que vivieron en Boulogne. El colegio, entonces, se hizo de gran prestigio entre el círculo de académicos, científicos y diplomáticos que visitaban la ciudad.

Uno de esos distinguidos visitantes daría un giro vertiginoso a la vida de la maestra de treinta y dos años. En una de las tertulias organizadas en casa de Prescott en 1838, Fanny, famosa también por su gran sentido del humor, conoció a quien se convertiría en su esposo unos

meses después: don Ángel Calderón de la Barca, el exembajador de España, que le estaba traduciendo a Prescott al español su más reciente publicación, la célebre *Historia de los Reyes Católicos*.

Pero ¿quién era Ángel Calderón de la Barca? Más allá del multicitado y rimbombante título de «ministro plenipotenciario» con que aparece en todas las biografías de su esposa, poco se habla de su gran personalidad. Ángel tenía la misma estatura de los personajes con los que Fanny intimaba, pues acababa de terminar su encargo como embajador de España en Washington. El diplomático de cuarenta y cinco años, nacido en Buenos Aires, era un hombre muy culto que sostenía correspondencia con los principales eruditos españoles; muy apreciado por los hispanistas de Boston, disfrutaba enormemente el arte y la cultura, al igual que ella, quien para entonces ya hablaba español. Ángel se reveló como todo un caballero ante los ojos de la escocesa; al poco tiempo de conocerse, quizá por un fuerte flechazo amoroso o por no ser ya unos jovencitos, se casaron ese mismo año de 1838. México estaba por aparecer en la vida de Fanny Inglis, ahora *de* Calderón de la Barca.

Al año siguiente, don Ángel fue nombrado ministro plenipotenciario de España en nuestro país. El 27 de octubre, el matrimonio se embarcó en el *Norma* desde Nueva York rumbo a La Habana; llegaron a Veracruz después de un largo viaje, el 27 de diciembre de 1839. Durante ese trayecto, incluso desde el primer día de la travesía, escribió Fanny Calderón de la Barca las cartas sobre dicho viaje y su estancia en México. Su correspondencia, su asombro, su agudeza, y también sus prejuicios y subjetividades, no cesaron los siguientes dos años. La oriunda de Edimburgo y su esposo se establecieron en una amplia residencia en la calle de Puente de Alvarado, por el rumbo de San Cosme, en Ciudad de México, desde donde, en palabras de Felipe Teixidor, se escribió el mejor libro que jamás se haya escrito sobre México por un extranjero. Por una mujer extranjera. Largos trechos recorrió esta

mujer para esbozar el retrato costumbrista mexicano más detallado de la primera mitad del siglo XIX.

Un «ministro plenipotenciario» en México

La firma en Madrid del Tratado de Paz y Amistad ente México y España el 28 de diciembre de 1836, , con el que final y tardíamente se reconoce nuestra independencia, significó la luz verde para que un embajador español atendiera los asuntos de las dos naciones, ahora soberanas. El joven país que recibió al diplomático enviado por la monarquía española y a su esposa experimentaba desde 1810 sendas vicisitudes para asentar dicha soberanía: una devastadora década de guerra independentista, un fallido primer imperio, un vasto pero desconectado territorio, una perniciosa bancarrota, un omnipotente clero y un turbulento proceso político que hundió a México en una lucha intestina entre proyectos de nación federalistas, centralistas y demás conspiraciones de las logias masónicas en la cúpula del poder, que simplemente no daban tregua al conflicto, lo que dio paso al caos y a la inestabilidad generalizada.

Durante uno de esos vaivenes políticos llegaron los Calderón de la Barca al puerto de Veracruz, en diciembre de 1839, y, como si se tratara de un síntoma de los tiempos difíciles por los que atravesaba el país, un pavoroso norte los mantuvo a bordo durante quince días de mar picado y vendaval, sin poder desembarcar. Antonio López de Santa Anna había terminado, unos meses antes, el quinto periodo presidencial de los once que habría de encabezar con un sinfín de ocurrencias y equivocaciones, a propósito de tormentas y mal tiempo. Anastasio Bustamante, Francisco Javier Echeverría y el propio Santa Anna fueron los tres presidentes en los veintiocho meses que vivieron los Calderón de la Barca en nuestro deteriorado y endeudado país.

Un tren de Boston a Nueva York, de ahí un barco con destino a La Habana, para embarcarse de nuevo hacia Veracruz y, en diligencia, llegar a la Ciudad de México: fue un trayecto de meses que tuvieron

que recorrer para despachar ante el inestable gobierno mexicano, pues en nuestro territorio no existía el ferrocarril.

Tras el desembarco, Fanny comenzó a describir el exótico entorno veracruzano, a narrar lo triste y sucio que encontraba el puerto, pero también lo exuberante y bello de los paisajes tierra adentro, a pesar de los malos caminos hacia la Ciudad de México. En la gran metrópoli continuó describiendo, cual sagaz reportera, el curso y funcionamiento de todas las cosas, los eventos, paisajes, costumbres, hombres y mujeres, monumentos, ceremonias. Todo lo que los rodeó y les sucedió a Ángel y a ella en esos meses consta en su bitácora por entregas.

Las anécdotas, los colores y sabores, la decoración de edificios, iglesias, conventos, casas, el clima, la flora, la fauna. Ni los mínimos detalles escaparon a su mirada casi fotográfica. Las flores en cada fiesta, los rostros de los niños, el hermoso cabello oscuro de las mujeres, la amabilidad y los cariñosos modales de estas, sin parangón en el mundo; pero también criticó en forma mordaz su ociosidad, su falta de instrucción, lo exagerado del arreglo personal de otras, sus sobradas y exquisitas joyas. Comentó sobre los bandidos a salto de mata en los caminos, los juicios contra ellos. Sobre lo harapiento de los léperos y la fealdad que daban a las sucias calles de la imponente Ciudad de México. De la forma de llover, de la fuerza del sol, del valle y sus volcanes.

Destacó con admiración la vida de personajes como don Valentín Gómez Farías y sus ideales liberales. Conoció a Guadalupe Victoria, a Antonio López de Santa Anna, a María Ignacia *la Güera* Rodríguez, entre otros importantes personajes de la política y la sociedad mexicanas. Incluyó en sus misivas periódicas los folletos, manifiestos y pronunciamientos de levantamientos de cualquier facción política, transcritos facsímiles de dichas cartas, verdaderas fuentes históricas de ese periodo.

Es fantástica la crónica de cómo conocieron a Santa Anna al llegar a territorio mexicano, en su camino a la Ciudad de México. Fanny

precisó los detalles de la visita al caudillo, cinco veces presidente, quien haría un funeral con honores y por todo lo alto a su pierna izquierda, arrancada por un cañonazo en una guerra iniciada por un repostero francés, la Guerra de los Pasteles, en 1838. Los pormenores del viaje no faltaron en sus crónicas: su excelsa hacienda, Manga de Clavo; su elegante mujer, Inés de la Paz García —primera esposa de Santa Anna, quien murió en 1844, año en que él se casó en segundas nupcias con Dolores Tosta—; su vestimenta, rasgos y exquisitos modales. No obvió minucia alguna en su descripción del celebérrimo personaje de nuestra historia y de su privilegiada forma de vida. Con ello, Fanny Calderón de la Barca mostró una idea muy clara del México de aquellos tiempos:

Carta V

Ayer nos levantamos a las dos de la madrugada, a la luz de las velas, con la agradable perspectiva de salir de Veracruz y conocer a San Anna. Dos cajones, llamados carruajes, tirados por mulas, estaban a la puerta para llevarnos a Manga de Clavo. El señor Velasco, Calderón, el comandante «Jasón» y yo nos encajonamos en ellos y partimos medio dormidos. Una luz tenue apenas nos permitió advertir que pasábamos las puertas de la ciudad, y los carruajes comenzaron a surcar, que no a rodar, la arena, arena y nada más que arena, hasta perderse de vista; unas cuantas leguas en el desierto de Arabia.

Por fin empezamos a describir señales de vegetación: palmeras y flores; y cuando llegamos a un bonito pueblo de indios, en donde nos paramos para cambiar de tiro, rompió el día, y fue como si nos hubiera transportado, por arte de encantamiento, de un desierto a un jardín. El espectáculo era pintoresco y sorprendente a la vez: las chozas de bambú, techadas de palma; las indias con su negro y largo cabello, paradas en las puertas con sus niños semidesnudos; las mulas revolcándose en la tierra, siguiendo su costumbre favorita; cabras blancas como la nieve, ramoneando entre las palmeras; el aire suave y perfumado, primer soplo fresco de la mañana; las gotas de rocío brillando aún sobre las anchas hojas de plátano y de la palmera, y todo cuanto nos rodea, tan silencioso, tan fresco y apacible.

Las chozas se ven pobres pero limpias; sin ventanas, pero una luz tamizada se abre paso entre las frondosas cañas. Conseguimos algunos vasos de leche recién ordeñada, y después del

relevo de las mulas proseguimos nuestro viaje, ya no sobre médanos de arena, sino a través de la soledad del campo, entre árboles y flores, resplandecientes creaciones de la tierra caliente. A eso de las cinco llegamos a Manga de Clavo, después de pasar durante leguas a través de un jardín natural, que es propiedad de Santa Anna.

La casa es hermosa, de graciosa apariencia y muy bien cuidada. Fuimos recibidos por un ayudante, un aforado y varios oficiales, y conducidos a una estancia amplia, fresca y agradable, amueblada con parquedad, en la que no tardó en presentarse la señora de Santa Anna, alta, delgada, y vestida para recibirnos a tan temprana hora de la mañana, de transparente muselina blanca, zapatos blancos de raso, espléndidos aretes de diamantes, prendedor y sortijas. Se mostró muy amable y nos presentó a su hija Guadalupe, miniatura de la mamá, en los rasgos y en el vestir. Poco después hizo su entrada el general Santa Anna en persona. Muy señor, de buen ver, vestido con sencillez, con una sombra de melancolía en el semblante, con una sola pierna, con algo peculiar del inválido, y, para todos nosotros, la persona más interesante de todo el grupo. De color cetrino, hermosos ojos negros de suave y penetrante mirada, e interesante la expresión de su rostro. No conociendo la historia de su pasado, se podría decir que es un filósofo que vive en digno retraimiento, que es un hombre que, después de haber vivido en el mundo, ha encontrado que todo en él es vanidad e ingratitud, y si alguna vez se le pudiera persuadir en abandonar su retiro, solo lo haría, al igual que Cincinato, para beneficio de su país. Es curioso cuán frecuente es encontrarse una apariencia de filosófica resignación y de plácida tristeza en el semblante

de los hombres más sagaces, más ambiciosos y más arteros. Calderón le entregó una carta de la Reina, escrita en el supuesto de que todavía era Presidente, la cual pareció complacerle mucho, pero que solo suscitó de su parte una inocente observación: ¡Qué bien escribe la Reina!

Se le notaba a veces una expresión de angustia en la mirada, especialmente cuando hablaba de su pierna, amputada debajo de la rodilla. Hablaba de ella con frecuencia, como Sir John Ramorny de su mano ensangrentada, y al contar la manera como le hirieron, y alude a los franceses, su semblante adquiere el mismo aire de amargura que debe haber tenido el de Ramorny cuando hablaba de Enrique el Herrero.

Por lo demás estuvo muy agradable. Habló mucho de los Estados Unidos y de las personas que allí ha conocido, y sus modales revelaban calma y caballerosidad, y en conjunto resultó ser un héroe mucho más fino de lo que yo me esperaba. Si hemos de juzgar por el pasado, no habrá de permanecer largo tiempo en su actual estado de inacción, ya que además, según Zavala, posee en su interior «un principio de acción que le impulsa siempre a obrar».

En attendant, se anunció al almuerzo. La señora de Santa Anna me introdujo al comedor. Colocaron a Calderón a la cabecera y a mí a su derecha; Santa Anna enfrente de Calderón, y la Señora a mi derecha. El almuerzo fue espléndido, y consistió en una variedad de platos españoles, carne y legumbres, pescado, aves, frutas y dulces, café, vino, etcétera, todo servido en vajilla francesa en blanco y oro. Después del almuerzo, la Señora mandó a un oficial que fuese a traerle su cigarrera, que es de

oro, con el cierre formado por un diamante, y me ofreció un cigarro que rehusé. Encendió ella el suyo, un pequeño cigarrillo de papel, y los caballeros siguieron su buen ejemplo.

Vimos después las dependencias y las oficinas, y también el caballo de batalla predilecto del general, un viejo corcel blanco, quizá un filósofo más sincero que su amo; varios gallos de pelea, criados con especial cuidado, ya que las peleas de gallos son una de las diversiones favoritas de Santa Anna; y su litera, hermosa y cómoda. No hay jardines, pero él mismo decía que todas las doce leguas cuadras que le pertenecen son su jardín. El aspecto de la familia no habla mucho en favor de lo saludable del local, y sin duda su belleza y fertilidad no es una compensación.

Como teníamos pocas horas de que disponer, el general mandó traer dos carruajes, los dos muy hermosos, construidos en los Estados Unidos; en uno de los cuales fuimos él, Calderón, la Señora y yo. En el otro venían la niña y los oficiales, y en este orden seguimos a través del campo hacia el camino real, donde debíamos reunirnos con la diligencia y los criados, junto con nuestro guía, don Miguel S [...]. Como la diligencia no había llegado, nos bajamos del coche y nos sentamos en una banca de piedra, enfrente de una cabaña de indios, donde charlamos, mientras que la joven señorita se divertía sola, comiendo manzanas, y el general y Calderón se quedaron en el carruaje moralizando.

Al poco tiempo, y justamente cuando el sol empezaba a darnos una muestra de su fuerza, se dejó oír el retumbante galope de nuestra escolta de soldados mexicanos (el gobierno había dado

órdenes de que una escolta de relevo se estacionase de seis en seis leguas) que, al llegar, anunció la proximidad de la diligencia. Quedamos agradablemente burlados al ver el hermoso coche nuevo, hecho en los Estados Unidos, tirado por diez hermosas mulas y conducido por un hábil cochero yanqui. Nuestra caravana se componía de nosotros, don Miguel, el capitán del «Jasón» y su primer teniente, que nos acompañaban a México. El día estaba hermoso y todos parecían encontrarse de muy buen humor. Nos despedimos de Santa Anna, de su señora y de la niña, y también de nuestro hospitalario señor Velasco. Entramos en la diligencia, se cerraron las puertas —todo en regla—, un latigazo a las mulas, y ahora ¡adelante hacia México!

Todo el relato anterior revela su dominio y pasión por la cultura, la historia y la literatura universales, además de ser sumamente entretenido, ameno y didáctico. Cada carta es un verdadero cuadro de costumbres. Y como este pasaje sobre Santa Anna, escribió cientos de relatos más sobre los personajes más emblemáticos de las esferas políticas, religiosas y culturales de México. Con usanzas mexicanas llenó hojas y hojas de un profundo conocimiento sobre nuestros hábitos y creencias.

Las nutridas comidas de amigos y familiares con diez y hasta cuarenta invitados, las visitas sociales sin avisar, la decoración de cada una de las celebraciones en casas, en templos y en arcos callejeros con hermosas y multicolores flores; las peleas de gallos con un público variopinto de elegantes señoras enjoyadas y léperos con sarapes, todos apostando, comiendo y brindando por igual; que comemos chiles como si tuviéramos gargantas de hojalata; los terribles trayectos de la ciudad a las localidades cercanas donde las trombas, pero con más frecuencia los cocheros «ligeramente ebrios», eran culpables de catástrofes y accidentes en las zanjas de los caminos por su afición al pulque; las melosas fórmulas de cortesía de los mexicanos: «a sus órdenes», «está usted en su casa», «para servirle a usted», «qué bonito prendedor: tómelo, está a su disposición». Amabilidad que muchas veces despertaba la sospecha de otros diplomáticos, quienes nos tachaban de hipócritas, y a los que Fanny corregía convencida, pues decía que no habían entendido nuestra forma dulcísima de hablar. A ese grado llegó a comprender la idiosincrasia de los mexicanos.

Reseñó procesiones de monjas, nombramientos de altos prelados de la Iglesia, sepelios de figuras públicas, celebraciones patrias, reuniones comunes frente a las pulquerías, riñas entre la gente de vecindad, aristocráticos convites y pintorescos días de campo.

Las cartas de Frances Erskine empezaron a su salida de Nueva York, durante la travesía en el *Norma*, el 27 de octubre de 1839; continuaron durante su estancia en su casa en San Fernando, en esos

tiempos turbulentos, a veintiocho años de nuestra Independencia, y concluyeron el 28 de abril de 1842, desde otro barco, el *Medway*, que la llevó de regreso al puerto estadounidense, alejándola para no regresar jamás a México. Aunque solo de forma física. Frances nunca se fue, ni se irá. Dejó para la posteridad un magistral retrato de esa sociedad mexicana de principios del siglo XIX. Relato minucioso y entrañable de lo que en aquellos tiempos nos definía y que, sorprendentemente, lo sigue haciendo en muchos sentidos.

En sus crónicas no escondió la perspicaz Frances esa potente voz. La que no tuvo miedo de emitir su opinión sobre todos los temas de nuestra cotidianidad, tanto oficiales como privados. Fue muy valiente que, en su condición de mujer, detallara con tanta soltura, con tal análisis, cada detalle de esa experiencia. Sagaz, certera, mordaz, sensible y curiosa fue su pluma, su voz. Pero, también hay que decirlo, por momentos Fanny no oculta las formas clasistas de su época y de su condición social, incluso con cierto toque de racismo. El ejercicio de divulgación de su historia debe incluir los ojos con los que nos vio.

También las mujeres mexicanas y sus actividades llamaron poderosamente la atención de la señora Calderón de la Barca. ¿Cómo veía a esas mujeres de su tiempo? ¿Ajenas a su cultura y costumbres? ¿Se identificaba con ellas? A algunas las encontró excedidas en joyas, en su vestimenta y en el comer. Criticó también que muchas no tenían el hábito de la lectura ni de la pintura, del saber académico en general. Denunció, con sobrada razón, que muy pocas recibían instrucción. Que eran grandes madres de familia y muy abnegadas fue un tema que trató recurrentemente con sus amigos, colegas y con las mujeres de su propia familia:

> La belleza de las mujeres de aquí consiste en los soberbios ojos negros, en el hermoso cabello oscuro, en la hermosura de brazos y manos, y en su pequeño y bien formado pie. Y sus defectos: de que con demasiada

> frecuencia son de corta estatura y demasiado gordas, de que sus dientes suelen ser malos, y el color de su tez no es el olivo pálido de las españolas, ni el moreno brillante de las italianas, sino un amarillo bilioso. En cuanto a amabilidad y cariñosos modales, nunca me he encontrado con mujeres que puedan rivalizar con las de México.

De una leyenda viviente pudo escribir especialmente, pues quedó muy impresionada al conocerla: se trató de María Ignacia Rodríguez de Velasco y Osorio, la famosísima Güera Rodríguez, en plena madurez, con más de sesenta años. En sus líneas encontramos noticias de un grupo de mujeres criollas, cultas, instruidas y grandes conversadoras (como Fanny), que pertenecían a una aristocracia que agonizaba al caminar la vida independiente de nuestra nación. El tono cálido y cercano que empleó con ella habla entre líneas de sí misma, de lo mucho que se identificó con ese círculo aristocrático en que se movían la Güera y su familia, ámbito al que Fanny pertenecería años después al recibir de manos del rey Alfonso XII en 1876, en consecuencia de la trayectoria de su esposo y de la suya propia, por su larga labor como educadora, el título de marquesa Calderón de la Barca.

Carta IX

Antes de terminar esta carta, debo deciros que esta mañana he recibido la visita de una persona notable en extremo, muy conocida aquí con el nombre de la Güera Rodríguez, de la que se dice que hace muchos años fue celebrada por Humboldt como la mujer más bella que él hubiera visto en todo el curso de sus viajes. Considerando el tiempo que ha transcurrido desde que este distinguido pasajero visitó estas partes, no pude menos que asombrarme cuando vi su tarjeta de visita en donde rogaba ser recibida, y mucho más de ver que, a pesar de los años y de las huellas que el tiempo se complace en dejar en el rostro más bello, la Güera conserva una abundancia de bucles rubios sin un solo cabello gris, una hermosa y blanca dentadura, ojos lindos y gran viveza. Encontré a la Güera muy agradable, y la más cabal de las crónicas vivientes. Su actual marido, el tercero; tuvo tres hijas, las tres célebres por su belleza; la condesa de Regla, quien murió en Nueva York y está enterrada en la catedral de aquella ciudad; la marquesa de Guadalupe, también fallecida, y la marquesa de Aguayo, ahora una hermosa viuda. Hablamos de Humboldt, y haciendo mención de sí misma en tercera persona, me refirió todos los pormenores de su primera visita, y la admiración que sintió por ella; que entonces era muy joven, sin embargo de estar ya casada, y madre de dos niños, y que cuando Humboldt fue a visitar a su madre, se encontraba cosiendo en un rincón y en donde el Barón no podía verla, hasta que, conversando este muy seriamente acerca de la cochinilla [el tinte de la grana cochinilla], inquirió si podría visitar cierto lugar en que existía una plantación de nopales. «Ciertamente que sí», dijo la Güera desde su rincón, «y nosotras mismas

podemos llevar allí al señor de Humboldt». «¡Válgame Dios! ¿Quién es esta muchacha?». Desde aquella ocasión estaba constantemente con ella, y más cautivado, dicen, por su ingenio que por su hermosura, considerándola como la madame de Staël de Occidente. Todo esto me induce a sospechar que tan grave viajero fue muy sensible a los encantos de su amiga, y que ni minas, ni montañas, ni geografía, ni geología, ni conchas petrificadas, ni *alpen kalkstein* [caliza de los Alpes] le ocuparon bastante para que excluyera un ligero *stratum* de devaneo amoroso. Conforta el pensar que, «a veces, hasta el gran Humboldt sucumbe».

Cartas de una casa a las prestigiosas editoriales de Prescott y Dickens

Por protocolo, Fanny Calderón de la Barca prefirió publicar en el anonimato. Fue una decisión personal, más allá de la censura o la discriminación femenina. Ella misma seleccionó las cincuenta y cuatro cartas, de entre todas las que había enviado a los buzones de amigos y familiares, para la publicación en inglés de la prestigiosa casa editorial Charles C. Little-James Brown, en Boston, en 1843. Dos volúmenes firmados con el seudónimo Mme. C. de la B. dieron vida a *Life in México during a Residence of Two Years in that Country.* No firmó con su propio apellido, ni siquiera con su nombre de pila. Lo mismo ocurrió en la publicación, pocos meses después y por recomendación de su amigo historiador y su prologista, William H. Prescott, que hiciera la mítica editorial Chapman-Hall de Londres, editores del célebre novelista británico Charles Dickens.

El libro fue muy bien recibido y tuvo rápidamente una segunda edición. Veinte años después, en una edición abreviada por el sello londinense Simm-McIntyre, se conoció su identidad parcialmente: Madame Calderón firmó esa vez. A Frances Erskine Inglis no la conocería el gran público sino varias décadas después, ya en pleno siglo XX, cuando se publicó la primera traducción española de la totalidad de las cartas, en 1920, y en ediciones posteriores, como la de 1949, ya como la marquesa Fanny Calderón de la Barca.

El anonimato fue lo que consideró correcto Madame Calderón de la Barca. No podía traicionar la misión diplomática encomendada a su esposo. Le resultaba inadmisible, pensó que violaba las formas y los modos del importante encargo encomendado a ellos. Casi impúdico era «ventilar» todo cuanto observó en su papel de esposa del ministro. Tal vez le parecía más pertinente señalar la severa crítica hacia los defectos y las flaquezas de nuestra sociedad desde la voz de una mujer más, y no desde la privilegiada posición social que ostentaba la esposa de un

embajador. Frances tomó su decisión y la avaló, consciente y resignada ante las formas de su tiempo.

El anonimato de las mujeres escritoras devoraba la fama, mas no el oficio de estas. De las pocas mujeres que publicaban, muchas no lo hicieron con sus verdaderos nombres. En Inglaterra, en la década de 1840, las legendarias hermanas Brönte tampoco publicaron sus novelas con sus nombres verdaderos, por su condición de mujeres. Charlotte firmó *Jane Eyre* como «Ellis»; Emily firmó *Cumbres borrascosas* como «Currer Bell», y Anne firmó *Agnes Grey* como «Acton».

Madame Calderón de la Barca poseía una personalidad de verdadera intelectual. No cualquiera escribiría esas cartas, abordando temas sobre política e historia; prácticamente es un tratado sociológico de México. Sus influencias literarias se encuentran en la vida cultural del Boston universitario y de los historiadores, escritores y humanistas estadounidenses de mitades del siglo XIX, aunque es incorrecto señalar que la publicaron gracias a que Prescott y Von Humboldt pusieron de moda la historia de México. Se dice que *La vida en México* se benefició de *Historia de la conquista de México*. No es verdad. El libro de Madame Calderón de la Barca salió un año antes que el del historiador estadounidense. Las cartas de Frances se publicaron con esos vuelos por la calidad de su relato. Eran un libro en sí mismas. Fanny tuvo una forma propia de contar las cosas. De contarlas como las vio. Y con ese oficio de contar historias, tuvo la magnífica ocurrencia de hacerlo sobre los mexicanos, durante esos dos años de residencia en este país.

El mismo William Prescott reconoció en el prólogo de la primera edición de su libro:

> *La vida en México* es el resultado de las observaciones hechas durante una residencia de dos años en México, por una dama cuya posición en dicho país le ha permitido conocer íntimamente a la sociedad, y le ha abierto las mejores fuentes de información en todo cuanto es susceptible a interesar

> a un viajero ilustrado. Se compone de cartas escritas a miembros de su familia, y, en verdad, sin intenciones, al principio, de publicarlas, por increíble que pueda parecer la afirmación... Recomendé calurosamente que fueran entregadas al mundo.

México bien vale para escribir a casa

Aunque la marquesa Fanny Calderón de la Barca no nació, ni murió ni la enterraron aquí, podemos considerarla mexicana por los recuerdos que atesoró de nosotros en su inmortal relato. Porque conoció México y lo describió a detalle, como la extranjera más mexicana de nuestra historia. Frances Erskine Inglis, Madame Calderón de la Barca, la marquesa Calderón de la Barca, murió a los setenta y seis años, el 6 de febrero de 1882, en el Palacio Real de Madrid, en el seno de la corte de los Borbones. Su vida, tras los años mexicanos, transcurrió en la misma línea de lo novelesco, pues acompañó a su esposo en los encargos de embajador de España en Washington y de ministro de Estado de la reina Isabel II en Madrid. Se convirtió al catolicismo y ya viuda, sin hijos ni más familiares, se recluyó en el convento de Anglet, cerca de Biarritz, donde es llamada nuevamente por la reina para ser la institutriz de su hija, la infanta Isabel Francisca de Borbón, de quien no se separará nunca. Los años cortesanos dieron como fruto su título nobiliario y su segundo libro de forma anónima: *El agregado en Madrid o apuntes de la corte de Isabel II*, publicado en Nueva York por la editorial Casa Appleton, en 1856.

El desprecio por la marquesa es infundado. La atacaron sus contemporáneos, quizá porque no reconocieron en ella su quehacer intelectual, su profesión previa a su estancia en México. No era solo la esposa del embajador que por ocurrencia se puso a escribir. A esta mujer la publicó el mismo editor de Charles Dickens. Tenía la talla para publicar su crónica sobre México con suficiente solvencia intelectual. El contacto con personalidades como Prescott, Ticknor y Washington Irving habla de su capacidad y talento.

Por ello su correspondencia resultó de esos vuelos. Fue una mujer muy culta, una pluma entrenada en conversaciones de la misma altura, que con asombrosa sencillez, cosa dificilísima de lograr en el oficio de las letras, describió sucesos excepcionales y cotidianos. Escribió un clásico que trascendió el paso del tiempo y de varias generaciones de lectores. Hoy es una lectura indispensable sobre nuestra idiosincrasia. Más vigente que nunca, por nuestro reflejo en cada esquina, en cada platillo, en cada fiesta que describió. En muchos sentidos, aún somos así. Madame Calderón de la Barca sigue vigente por esta agudeza. Su narrativa muestra la cotidianidad nacional.

También tuvo una opinión valiente sobre temas políticos. No se limitó al dar su punto de vista. Aseguró que, a pesar de todas las tragedias que nos sucedieron a los mexicanos en esos aciagos años de guerras, destrucción y muerte, teníamos en el destino una asombrosa capacidad de resiliencia. Una forma de reponernos que nos ayudaba a evadir las dificultades y tragedias, y seguir adelante. Quizá denunció entre líneas la tendencia fatalista a resignarnos y dar vuelta a la hoja como si no pasara nada, reinventándonos un futuro. La reflexión es nuestra. La marquesa Calderón de la Barca, junto con Manuel Payno, Ignacio Manuel Altamirano y Lucas Alamán, está entre algunos de los grandes cronistas de ese periodo que nos vio crecer tambaleantes como nación.

Escribir misivas periódicamente fue una actividad exclusiva de su estancia en México. La marquesa jamás volvió a escribir carta alguna con esas características. Quizá la respuesta la predijo ella misma al explicar que todo aquel que viajaba por el territorio mexicano no podía dejar de sorprenderse por cuanto ser humano, por cuantas cosas veía al pasar, convirtiéndose todo en «excelentes pretextos para el lápiz». Todo en México le pareció a la marquesa Calderón de la Barca digno de escribir a casa. Literalmente, nunca mejor dicho.

VII. Concepción Lombardo de Miramón

La pasión de acariciar el fondo

Ciudad de México, 8 de noviembre de 1835 -
Toulouse, Francia, 18 de marzo de 1921

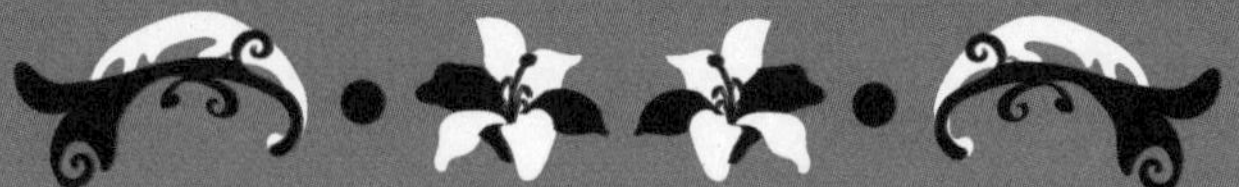

Concha Lombardo como mujer es una precursora,
no en el sentido feminista de la independencia frente al hombre
(imposible de imaginar en el México de esos años)
sino en el modo de asumir frente a la sociedad civil
unas ideas, una actitud crítica y una pasión amorosa,
y llevarlas hasta sus últimas consecuencias.

EMMANUEL CARBALLO

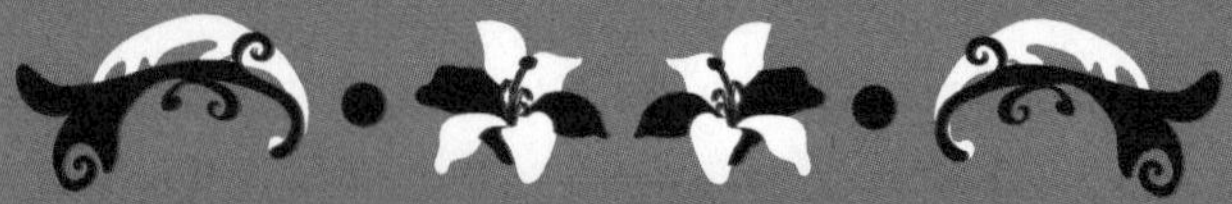

l general Miguel Miramón murió fusilado junto al fallido emperador Maximiliano de Habsburgo y el general Tomás Mejía, en el cerro de las Campanas, Querétaro, el 19 de junio de 1867. Concepción Lombardo, su viuda, deseó guardar por décadas algo más que un riguroso luto: el corazón embalsamado de Miguel, sustraído por petición suya de aquel cuerpo inerte, para que la acompañara en una urna ardiente, perennemente iluminada, como si se tratara de las reliquias de un santo. Con el alma hecha pedazos, Concepción juró ante su tumba que prefería quedarse muda antes que olvidar al gran amor de su vida. Honró esa promesa durante cincuenta y cuatro años.

Concepción Lombardo de Miramón fue verdadera partícipe de la vida política de nuestro país durante la segunda mitad del siglo XIX, por la familia en la que nació y por su matrimonio. Concha Miramón, como se le conoce más popularmente, supo a la perfección de los «teje-manejes políticos» de México; sin embargo, lo hizo desde el lado de los que no ganaron la historia, del lado de los vencidos. Vivió al lado de su esposo —el militar y político conservador Miguel Miramón, y el presidente más joven de nuestro país— una vida y una historia de amor dignas de una novela. Compartían la cruz de sus creencias religiosas y la espada de sus batallas políticas. Concepción era la más conservadora de las conservadoras y, a pesar de que esa tumultuosa historia la ganaron los liberales republicanos, ella creyó toda su vida que el proyecto conservador para México, por el que su esposo había luchado y por el que había dado la vida, debió prevalecer. Se aferró a la causa de Miguel Miramón como si fuese la suya propia, hasta lo más profundo de su ser, al igual que su amor por él. Se convirtió en eterna y férrea defensora de su memoria y también de sus restos mortales. Transformó su vida de amantísima esposa a la de viuda biógrafa. La mejor biógrafa de todas. Nada escapó a su pluma, apenas instruida, para resguardar en las más de mil páginas de sus *Memorias* los hechos que le tocó vivir trágicamente desde el lado conservador en el que había nacido como hija de criollos, pero, más intensamente, junto a su idolatrado Miguel.

No obstante, en la historia, ¿no se debe contar también la versión de los que pierden? ¿De sus ideales y pasiones? ¿Es por ello Concha Miramón un personaje que no se debe estudiar? ¿No es digna de figurar en la historia? Su causa y la de los conservadores del siglo XIX en México fue motivo de sangrientas luchas, enconos y conflictos en contra de la República, pero también son parte indeleble de nuestra historia. Conocer esa historia a detalle nos revela todo aquello por lo que se tuvo que luchar para lograr la patria que hoy tenemos. Todo lo que se hizo para defender esa enclenque nación que debía sufrir décadas de dolorosas guerras internas y disparejas invasiones extranjeras, para prevalecer triunfante, desde el 15 de julio de 1867 hasta el día de hoy.

Hablar de la vida de Concepción Lombardo y Miguel Miramón es hablar de una parte muy importante de esas heridas, de ese formativo siglo XIX. Para entender a los liberales que nos dieron esa patria, hay que entender a los conservadores que los atacaron frontalmente, como Miramón y su esposa. Personajes que no solo vivieron una ardiente relación amorosa, sino un profundo amor salpicado de sacrificios, celos y tragedia. Se trata de una de las grandes historias de amor del siglo XIX mexicano.

Además de la pasión amorosa, compartieron la pasión por el México en el que creían y por el que lucharon. Demostraron *su* patriotismo y *su* mexicanidad desde esa élite a la que pertenecieron, la cual les hizo tomar esa postura. Sus vidas muestran el panorama completo de esos años aciagos, desde su perspectiva, en ocasiones incluso titubeante por el matiz de tener algunos puntos de encuentro con las ideas de sus opositores. No siempre simpatizaron con las políticas de los conservadores, como también, en algunas ocasiones, apoyaron las medidas implementadas por los liberales. Al igual que Benito Juárez y Margarita Maza, Miguel Miramón y Concha Lombardo lucharon tenazmente por su tiempo y sus ideales, con toda el alma, hasta las últimas consecuencias, como lo que fueron también: una pareja de apasionados mexicanos.

Una joven como muchas otras

Concepción Lombardo Gil de Partearroyo, según lo detalló ella misma en sus *Memorias,* nació el 8 de diciembre de 1835 en la Ciudad de México. Su padre fue el destacado abogado criminalista Francisco María Lombardo, formado por su propio ahínco, pues quedó huérfano desde muy pequeño, y fue ministro de Hacienda durante uno de los numerosos periodos de gobierno —once en total— del general Antonio López de Santa Anna.

En uno de esos vaivenes políticos, cuando Concepción tenía nueve años, la persecución y la venganza políticas llevaron a su padre a la cárcel tras una de las renuncias de Santa Anna, por tratarse de uno de sus seguidores, hecho que ella resentiría sensiblemente. Sin embargo, Concepción sí estaba muy orgullosa de su padre porque este había sido diputado del Primer Congreso, reunido por Agustín de Iturbide y firmante de nada menos que el Acta de Independencia. De ese tamaño eran las raíces que la ligaban con la historia de México y con los momentos en que surgimos como nación.

Su madre, Germana Gil, fue ama de casa y madre de once hijos, cinco hombres y seis mujeres. Concepción fue la cuarta de las hermanas. Integraban una familia adinerada, conservadora, con valores fuertemente arraigados en el catolicismo. Destinada a la vida doméstica, como muchas otras jóvenes de su posición social, Concha, como la recordaba su maestra, doña Joaquina Bezares, viuda del expresidente Múzquiz y promotora de la enseñanza dedicada a las mujeres, asistió muy pequeña a su escuela Amiga para niñas. Como era común en estas escuelas domésticas, el nivel académico era muy elemental, razón por la que Concha no logró leer de corrido sino hasta los once años. Fue un lugar entrañable y de muy gratos recuerdos, pero que le dejó una deficiente instrucción. Ella lo lamentaría tiempo después, no así en las tareas del hogar y la formación religiosa. En temas como la costura en blanco, los calados con hilo y seda o el bordado, Concha fue educada con todo el rigor decimonónico para ser la mejor de las esposas. Incluso pensó en la música «para adornar su persona». Pero, a pesar de tan estrecha educación, el carácter fuerte que mostró desde niña la convirtió en una joven curiosa y audaz, incluso transgresora. Respecto a expresar sus opiniones libremente, Concepción fue una precursora. El papel de participar en la opinión pública era por completo ajeno a las mujeres de su tiempo.

Su adolescencia y temprana juventud, además de en la casa Amiga, transcurrieron entre fiestas, bailes y visitas al teatro que fomentaban sus padres. En abril de 1855 quedó huérfana y se fue a vivir con sus hermanas a una casa más modesta que la casa familiar de la calle de Cadena, en la distinguida colonia San Rafael. Las hermanas Lombardo habían perdido la mayor parte de su herencia, por lo que debieron mudarse lejos del centro de la Ciudad de México, a la calle de Chiconautla, y prefirieron unas finanzas sanas por encima de mantener un falso nivel de vida que ya no podían solventar. Fue entonces que conoció al joven capitán Miguel Miramón, mientras estaba comprometida con un protestante de origen inglés de apellido Perry, que no acababa de gustarle ni a ella ni a su familia por su trato hostil y la diferencia en sus creencias religiosas.

Era evidente que Concepción no encajaba del todo en el molde de las señoritas tímidas y frágiles de la época. Cuando un amigo de su familia y pretendiente de su hermana Guadalupe, Romualdo Fagoaga, la presentó en la casa familiar al capitán Miramón —a quien, por cierto, ya había visto antes en una visita por el Colegio Militar de Chapultepec—, mostró su decidido carácter. En ambas ocasiones, Concepción recordaba detalladamente aquellos primeros encuentros:

> Estábamos contemplando aquel hermoso panorama cuando se presentó el director. Después de un cortés saludo, se habló de la belleza de aquel sitio, de su buen clima [...] y luego se pasó a hablar de los cadetes. Nos contó que en la fiesta que habían tenido después de los exámenes, los alumnos se habían lucido particularmente en los ejercicios gimnásticos, y que tenía dos o tres notablemente fuertes. Yo, que me encantaba con todos los ejercicios masculinos, supliqué al director nos hicieran ver algo de aquellos ejercicios. «Con mucho gusto, señorita», me contestó. Se alzó de su asiento, tiró el cordón de una campana y a los pocos momentos se presentó un soldado que con su mano en la frente le dijo «¿Qué manda Usía?», «Que me llamen al capitán Miramón». Salió de allí el soldado; algunos minutos después se presentó allí un oficial que parecía tener unos veinte o veintiún años, de estatura mediana, delgado, tez morena, hermosos ojos negros, boca grande y apuntándole apenas el bigote. Después de saludarnos militarmente, recibió la orden del director y salió de allí; entonces el director volviéndose a la señora Cadena [madre de unas amigas de las hermanas Lombardo, que las acompañaba en aquel paseo por el bosque]: «Este joven», le dijo, «es de grandes esperanzas, ha sido uno de los mejores estudiantes de este colegio. Al principio se creía que no podría seguir la carrera de las armas por su complexión delicada, pero

> los ejercicios gimnásticos en los cuales es fuertísimo lo han robustecido». El 8 de septiembre de 1847, después de las funestas batallas de la Casamata y del Molino del Rey que se perdieron por los caprichos de don Juan Álvarez y por la indisciplina de sus tropas, el ejército norte-americano atacó este castillo que estaba defendido por cien soldados de infantería, otros tantos veteranos y cien alumnos del colegio. La batalla fue muy reñida, defendiéndose como leones aquel puñado de hombres; pero entre todos se distinguió por su valor y temeridad el joven Miramón, que apenas contaba con diecisiete años. En lo más reñido del combate cayó herido de una bala en la cara, un negro se arrojó sobre él para matarlo, en ese momento un oficial americano, que había admirado el valor, la serenidad y la firmeza del alumno, se precipitó sobre el negro para defenderlo, lo tomó entre sus brazos y lo entregó en el hospital, como prisionero. En el término de cinco años pasó por todos los grados del colegio. Habiendo merecido por su buena conducta, aplicación y valor, salir de aquí a un cuerpo de artillería. Allí pasó a capitán y desde fines del año pasado lo tengo aquí con el mismo grado como profesor del colegio. Los alumnos lo quieren y lo respetan, y es tan apegado a la disciplina militar como si fuese un soldado viejo.

Concepción no escatimó en resaltar las virtudes del joven capitán, así como tampoco en develar, entre líneas, sus simpatías y opiniones sobre los sucesos históricos y la vida política de México. Lo hizo toda su vida. Nunca se calló, ni ocultó tampoco sus ideas tras las «buenas costumbres» que su condición de mujer o esposa de ese estrato social le demandaban, es decir, de criolla católica, en un esquema social que poco había cambiado en el México independiente. Ni en el último minuto de la vida de su amado esposo, incluso cuando suplicó por esta a Benito Juárez sin éxito. Ni tampoco cinco décadas después de aquellos trágicos hechos personales. A los ochenta años, por medio de sus *Memorias*, Concha Miramón se aseguró de que su voz no se callara nunca.

De vuelta al momento en que se conocieron formalmente, la historia de amor entre la joven y el capitán comenzó a tejerse de forma única desde el comienzo:

—¿Sabe que este bravo capitán está locamente enamorado de usted? —dijo Romualdo Fagoaga, el pretendiente de su hermana Lupe.

—Señorita, es verdad. No crea usted que quiero divertirme; quiero casarme con usted —aseguró Miramón.

—¿Se quiere casar conmigo? ¿Para llevarme a la guerra a caballo, cargando en brazos al niño y al hombro al perico? Ahora es usted capitán; cuando sea usted general, entonces nos casaremos —decretó ella.

Concha señalaba que alguna vez vio que «en México, el ejército, cuando hacía sus marchas, llevaba tras de sí una turba de mujeres que la mayor parte eran esposas de los soldados, quienes caminaban a pie o en los carros, mientras que las mujeres de los oficiales iban a caballo llevando en sus brazos a sus niños de pecho, y algunas hasta a sus papagayos». Panorama que no le atraía en lo más mínimo a una mujer como ella.

A los pocos años y tras la orfandad de Concha y el derrocamiento del régimen de Santa Anna por la revolución de Ayutla, Miramón cumpliría su promesa de matrimonio. Y la cumplió porque se trataba de un hombre muy plantado en sus convicciones y deseos. Miguel había sido uno de los jóvenes cadetes que heroicamente resistieron el embate de las tropas norteamericanas en la invasión de 1847. A los diecisiete años fue casi un Niño Héroe. Desconocido, eso sí, pues no murió en la batalla del Castillo de Chapultepec aquel 13 de septiembre como algunos de sus compañeros. Aunque sufrió meses de tortura y prisión a manos del enemigo, no llegó por su valentía al altar de la patria. Tampoco lo haría por sus férreas convicciones llevadas hasta el extremo. Todo lo contrario, estas le valieron un destino muchísimo más trágico. Concepción estuvo siempre junto a él, hasta el último momento, hasta la funesta

decisión de apoyar al Segundo Imperio mexicano y por la que perdió la vida, fusilado junto a Maximiliano de Habsburgo y Tomás Mejía.

Miguel Gregorio de la Luz Atenógenes Miramón y Tarelo, el Joven Macabeo, como lo llamaban sus amigos más cercanos al recordarles la fiereza de león con la que Judas defendía su religión y con la que literalmente Miramón defendía sus ideales, no era un hombre común y corriente. Tras sobrevivir con una herida en el rostro los hechos de Chapultepec, se graduó con distinción por su inteligencia militar y valentía del Colegio Militar, para unirse al Partido Conservador. Rápidamente se opuso a los gobiernos liberales de Juan Álvarez e Ignacio Comonfort, y tuvo la oportunidad de hacerles frente militarmente a la muerte del general conservador Luis Osollo. Miguel Miramón se convirtió, con las armas, en la cabeza más visible de los conservadores.

En diciembre de 1858, durante la Guerra de Reforma contra los liberales y tras varios conflictos dentro de su partido, Miguel fue nombrado, con tan solo veintisiete años, presidente de la República. El presidente más joven hasta nuestros días. Su corazón de militar y honestidad política le hicieron devolver el cargo a Félix Zuloaga, aunque el necio destino, con el argumento de sus triunfos bélicos y su gran carisma, lo convenció y aceptó de nuevo la presidencia, el 2 de febrero de 1859.

Tan solo unos meses antes del triunfo político y militar de Miramón, Concha lo aceptaba como su esposo, tras años de pretenderla. El domingo 24 de octubre de 1858 se casaron en la modesta y muy conservadora casa donde vivían las hermanas Lombardo desde hacía tres años —era lo correcto, según su orfandad—, y no en Palacio Nacional, como correspondería a las alturas del novio. Únicamente la misa se celebró allí y tuvieron como padrino de bodas nada menos que al presidente en turno, el general Félix Zuloaga.

Después de todos esos años, y de no haber tomado tan en serio aquella osada propuesta del joven capitán, Concepción iniciaba sin siquiera sospecharlo la más grande y trágica de las pasiones amorosas del siglo XIX en México. Ella y Miguel se enamoraron desde la primera noche de bodas, profunda, apasionadamente. La nutrida correspondencia entre ambos, salpicada de «amada mía», «muy querida mía», «adorada Concha», «amada esposa», dejó huella de aquel gran amor. El porte distinguido, su carisma y buen talante, pero, sobre todo, el inmenso amor que le profesaba la conquistaron sin reservas.

Un amor que vivieron intensamente en tan solo ocho años de matrimonio. Concepción sabía que se había casado con un militar y entendía que viviría al ritmo de la guerra y la política en esos tiempos aciagos, seguramente imaginó que un pelotón de fusilamiento podría arrancarle a su esposo, pero lo que nunca imaginó fueron las circunstancias tan particulares en las que lo haría: Miguel murió fusilado a los treinta y cinco años al lado de un usurpador príncipe europeo. Tampoco imaginó que le dolería tanto. Concha y Miguel se habían amado en plena Guerra de Reforma, durante el breve encargo presidencial, en las glorias de las batallas ganadas, en los sinsabores de las derrotas, en el destierro y durante el falaz Imperio de Maximiliano. Y, por sobre todo, se amaron irremediable y dolorosamente durante el trance amarguísimo de su partida, aquel 19 de junio de 1867, en el cerro de las Campanas, Querétaro. Aquella muerte fue un destino que el mismo Miramón se había forjado. Cincuenta años duraría ese dolor en el corazón de su amante viuda, quien nada pudo hacer para salvarlo. Lo que sí pudo fue narrar la épica historia que vivió a su lado, contando de primera mano los acontecimientos más importantes de la segunda mitad del siglo XIX en México: la Guerra de Reforma y el Segundo Imperio.

En los primeros años de matrimonio, Concha siguió la brillante carrera militar de Miguel, estableciéndose en la misma casa de la calle de Chiconautla. Ahí nacerían sus dos primeros hijos, Miguel y Concha. Por algún tiempo gozó las mieles de la popularidad y la posición social que

su joven marido había alcanzado como militar y presidente interino. Miramón sucedió a Manuel Robles Pezuela, despachado como presidente del 2 de febrero de 1859 al 13 de agosto de 1860, y por un segundo interinato, del 16 de agosto al 24 de diciembre de ese mismo año. Sus numerosos éxitos en las batallas durante la Guerra de Reforma contra los liberales, además de dicha fama y prestigio entre sus hombres, también lo habían separado de su mujer por varios periodos.

Pero la guerra terminó con la derrota conservadora en la batalla de Calpulalpan y el establecimiento inmediato del gobierno legítimo de Benito Juárez. Miguel y Concepción Miramón finalmente se unían en el destierro. El 8 de enero de 1861, el general dejó suelo mexicano hacia Cuba, donde lo alcanzó su esposa un mes después, con sus dos hijos, para dirigirse todos juntos a Francia. El dolor de ambos por el destierro fue atroz.

Destierro, la nada y la tragedia

Los documentos y los hechos de la vida del general Miguel Miramón obligan a reconocer que no fue un cínico conservador. No apoyaba bajo ninguna circunstancia la intervención francesa en México, pues iba en contra de la soberanía de la República. Sentimiento que expresó abiertamente durante su estancia en Francia y que le valió los desaires de Napoleón III. Al regreso en Veracruz, con los ejércitos de Inglaterra, España y Francia, el hecho de no haber pagado los Bonos Jecker durante su periodo presidencial, para usar los recursos en asuntos nacionales, ocasionó que los ingleses lo expulsaran, lo que fue un acierto al entrar al país en las filas de las tropas invasoras. En ese momento ya no era ni de aquí ni de allá. Nunca participó en las comitivas conservadoras que fueron a Miramar a pedir a Maximiliano que fuera el emperador de México, como lo hizo Juan Nepomuceno Almonte, hijo de José María Morelos. Miramón estuvo exiliado y repudiado diecisiete meses en París, ya consumado el Segundo Imperio.

Concepción escribe que hubiera preferido una posición más neutral de su marido; Miguel soñaba con la integración de un ejército mexicano para luchar contra los franceses, pero no resultó así. Al final, ese ejército suyo terminó combatiendo a los liberales, por lo que, al regresar al país, lo acusaron de apoyar la intervención. Miramón renunció de inmediato, pues no quería servir bajo las órdenes del general francés Aquiles Bazaine. Este último y Juan Almonte desconfiaban de él. En esos momentos ya nadie lo quería ni lo necesitaba. Su situación se tornó muy delicada. Maximiliano lo congeló en el exilio, enviándolo a un encargo a Prusia sin mayor relevancia. Concha enfatiza que es vital resaltar esa situación para entender lo que realmente le pasó a su esposo. Regresó nada más a morir cuando el archiduque se encontraba ya perdido a su suerte, en su fútil proyecto ilegítimo.

Desde Europa, Miguel y Concha veían caer a pedazos el impero usurpador de Maximiliano cuando Francia le negó más soldados y recursos que lo sostuvieran en el poder. Benito Juárez y los liberales lo tenían ya en la lona, ganando batallas y terreno, con la legítima República a cuestas por todo el país. Paradójicamente, el Vaticano no lo apoyó para convencer a los monarcas católicos, es decir, al austriaco Francisco José o al francés Napoleón III, de no dejarlo solo dándole apoyo y protección, ya que el emperador mexicano había reconocido las Leyes de Reforma, que contemplaban la desamortización, confiscación y nacionalización de los bienes de la Iglesia de México y el Estado laico.

En el fondo, Miguel Miramón había defendido siempre el principio católico, la soberanía mexicana y un sistema político republicano, pero de orientación conservadora, no liberal.

> General Miramón,
> Os felicito por vuestro regreso al país y deseo
> que, cuanto antes, se presente en Orizaba.
> Maximiliano.

«Estoy aquí por haberle hecho caso a mi esposa», se lamentaba Maximiliano horas antes de su ejecución. «Nada tiene que lamentar su majestad, yo estoy aquí por no haberle hecho caso a la mía», confesaba Miguel Miramón, quien, ya preso, acababa de conocer a su recién nacida hija Lola Catalina.

«Donde descansan los restos de Miguel, no pueden estar los de ese hombre»

Triste y amargo final para el joven matrimonio. Hubiera tenido el corazón embalsamado por siempre de no haber sido convencida por su confesor de darle sepultura. Tras enterarse de que los restos de Benito Juárez —muerto en 1872— también reposaban en el exclusivo panteón de San Fernando, en el monumental mausoleo que Porfirio Díaz pidió construir para su héroe, Concepción decidió que no permitiría tal afrenta. ¿Benito y Miguel juntos? ¡Nunca jamás, ni muertos! Desenterró los restos de su adorado Miguel para que no descansaran la eternidad con los de Benito Juárez, último inquilino de aquel cementerio.

Los restos de Miguel Miramón, embalsamados en 1867 en Querétaro, fueron exhumados casi dos décadas después y trasladados a la catedral de Puebla, donde descansan desde 1895. Ambos personajes jamás podrían permanecer en el mismo camposanto. En vida, enemigos acérrimos; muertos, no compartirían el mismo descanso. Máxime ante la negativa rotunda de Juárez de perdonarle la vida a Miramón, suplicada personalmente por Concepción misma, e incluso por diferentes personajes mediante varias misivas de indulto, como la carta del poeta Victor Hugo (llegó a México después del fusilamiento). Por otra parte, su amiga, la princesa austriaca Agnes Salm-Salm, también recibió la misma negativa de perdón. Los restos de Miguel Miramón de ninguna manera compartirían la eternidad con los de aquel hombre tan cruel, vengativo y desalmado. En el corazón de Juárez no cabía un solo sentimiento de nobleza, escribió Concha Lombardo de Miramón:

> Hice una promesa, y como mujer de palabra que soy, he tomado la pluma, a pesar de mi ignorancia y de mis escasos conocimientos en literaturas. Me limitaré a contar los sucesos más interesantes de mi azarosa vida. Mi esposo ocupará la mayor parte de estas memorias. Si con ellas aclaro algunos errores, de los muchos que escritores que han tratado los tristes sucesos, me reputaré feliz, pues los historiadores tendrán acceso a verídicos apuntes sobre aquellos acontecimientos, relatados por un testigo ocular.

Sus memorias no son solo el recuento de su propia vida, desde su niñez hasta los primeros años del exilio tras la muerte de Miguel Miramón, sino también de la vida de este como figura pública. Es simultáneamente una autobiografía y una biografía, donde inserta fragmentos de la correspondencia que sostuvo con su esposo para intentar dar veracidad a su relato.

La investigadora Ute Seydel afirma que Concepción Lombardo de Miramón escribió sus memorias desde una distancia temporal y geográfica, donde evoca con nostalgia una época y forma de vida que llegaron a su fin con la caída del Segundo Imperio. Pertenece al pequeño grupo de mujeres que durante el cambio de siglo —aunque haya concluido su obra en Barcelona en 1917, a cincuenta años del fusilamiento de Miramón, no se publicaron sino hasta 1980—, construye un propio discurso respecto a los acontecimientos históricos que convulsionaron al México independiente. Por ser Miramón un personaje de la vida pública, Concha deja testimonio de cómo la vida de él tuvo una fuerte influencia en la vida conyugal y familiar, pues ella tuvo que abandonar México con sus hijos y viajar de Veracruz a Europa, al igual que muchos otros conservadores y sus familias, y vivir en el exilio en Alemania, Bélgica, Francia, Italia y España.

Concepción Lombardo perteneció al romanticismo mexicano. En sus *Memorias* abordó con detalle el amor conyugal que vivió con Miramón

de manera cotidiana. Un tema poco común en las letras mexicanas de ese tiempo, máxime con semejante nivel de intimidad. En eso Concha fue muy audaz y sincera. En sus páginas se percibe la necesidad de reivindicar a su esposo mediante la creación de una imagen positiva.

Todo cuanto conoció y la unió a la historia de México desde su nacimiento explica su posición conservadora. El amor apasionado, carnal y sublime que sintió por Miguel explica su devoción y sufrimiento por décadas de dolorosa viudez. «Metido en mis entrañas, respiras conmigo»; fue la misión de su larga vida. En contraste, se iniciaba para México el periodo más legítimo desde la Independencia: la República restaurada de Benito Juárez, Sebastián Lerdo de Tejada y Guillermo Prieto, entre tantos otros que también dieron sus vidas por lo que creyeron correcto.

Concepción Lombardo murió en Toulouse, Francia, el 18 de marzo de 1921. Compartió «el regalo» de la longevidad y la larga viudez con Carlota Amalia. Sus memorias relataron la Guerra de Reforma, así como los hechos relevantes del imperio del archiduque austriaco en México. Apoyó la participación social de la mujer, desde una perspectiva de la cual no podía desprenderse: la de una criolla católica en el México naciente. Las *Memorias* de Concepción Lombardo de Miramón no se publicaron sino hasta que una de sus nietas las vendió en Palermo, Italia, a Fernando Cortina Portilla, quien se las entregó a Felipe Teixidor para su publicación, en 1980, por la editorial Porrúa.

Porfiriato, *Revolución* y siglo XX

VIII. Carmen Serdán

Acomodó su vestido, apuntó con el rifle y ¿disparó?

Puebla, 11 de noviembre de 1875 –
Ciudad de México, 21 de agosto de 1948

Aquiles Serdán confiaba, mejor dicho, estaba seguro,
según me lo afirmó su hermana Carmen poco después de los acontecimientos,
de que la gran muchedumbre de los revolucionarios comprometidos los secundaría
y por eso se encerró en vez de escapar, como pudo haberlo hecho
y, por ello, Carmen,
en el paroxismo de la desesperación,
al cerciorarse de que los comprometidos
no respondían a la señal convenida, pese a las bombas lanzadas,
salió al balcón principal de la casa y dirigiéndose
a los curiosos que estaban cerca de Santa Teresa
los arengó, agitando en una diestra el rifle.

ISIDRO FABELA

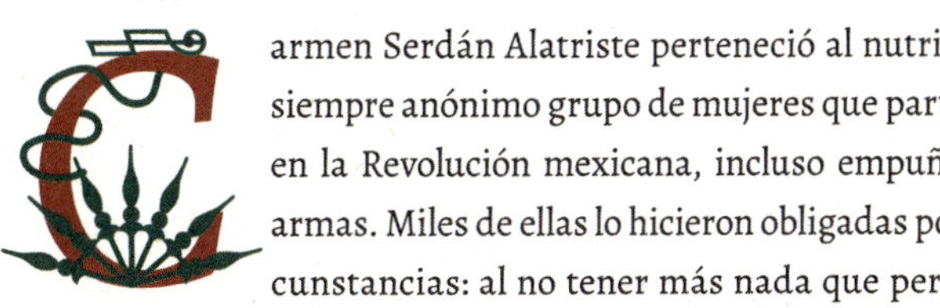

Carmen Serdán Alatriste perteneció al nutrido y casi siempre anónimo grupo de mujeres que participaron en la Revolución mexicana, incluso empuñando las armas. Miles de ellas lo hicieron obligadas por las circunstancias: al no tener más nada que perder en la miseria, se lanzaron al vacío de la lucha armada acompañando a los hombres, incluso con sus hijos a cuestas, para hacer la comida, acarrear agua, cargar armas, hacer de correo y de emisarias, curar a los heridos y enterrar a los muertos; o bien, participar activamente en las batallas, entre rifles, carabinas y granadas.

Rompiendo también los esquemas, otras, como Carmen, colaboraron con el movimiento revolucionario por convencimiento propio, porque en verdad estaban conscientes de la necesidad de un cambio en la vida económica y social prevaleciente en 1910. Necesidades impostergables de ese México excluido durante las tres décadas que había durado ya el porfiriato, y que daban como resultado (entre otros) 80% de analfabetas entre la población y, casi cifras iguales de mexicanos en el campo y las ciudades, viviendo en la pobreza. Grandes heridas, además de la muerte de la democracia y la libertad de prensa, por la dictadura política en que Porfirio Díaz había convertido su eterno gobierno tras sucesivas e interminables reelecciones desde 1880.

Estas mujeres convencidas, educadas —muchas de ellas maestras normalistas— y sabedoras del poder liberador que otorga la instrucción denunciaron todas esas injusticias, hombro con hombro junto con otros hombres opositores al régimen de Díaz, a pesar de no poder ejercer el voto: a las mujeres mexicanas no se les permitió votar sino hasta cuarenta y tres años después, el 17 de octubre de 1953, cuando en la Constitución se otorgó por fin ese derecho.

Hacia 1910, las mujeres redactaron planes y manifiestos revolucionarios. Mediante poderosos escritos y artículos en los distintos y muy valientes periódicos y revistas subversivos de finales del siglo XIX y principios del XX, decenas de mujeres se convirtieron en feministas sufragistas, escritoras, periodistas, propagandistas, militantes antirreeleccionistas y revolucionarias. La participación de las mujeres en la teoría y los ideales de la Revolución fue evidente, además de las ya muy conocidas soldaderas y «adelitas» que, literalmente, abrazaron las armas.

En la ciudad de Puebla, Carmen Serdán, con el seudónimo de Marcos Serrato, exigió aguerrida el despertar de sus paisanos ante la insostenible situación de obreros y campesinos. Ella y sus hermanos fueron precursores del movimiento antirreeleccionista convocado por Francisco Ignacio Madero por medio del Plan de San Luis; heredaban de su abuelo y de su padre la vena liberal que, en su otrora juventud, había llenado de gloria al mismo Porfirio Díaz y que ahora traicionaba a diestra y siniestra. Pero los hermanos Serdán estaban ahí para recordárselo al dictador, a costa incluso de sus propias vidas. En el caso de Carmen, a costa de su libertad. Estuvo encarcelada doce meses.

Abolengo y represión familiar

María del Carmen Serdán Alatriste nació en la ciudad de Puebla el 11 de noviembre de 1875. Fue la mayor de una familia de liberales poblanos, involucrados activamente en la vida política del estado. Hija de Manuel Serdán Guarios y María del Carmen Alatriste, quienes tuvieron tres

hijos más: Aquiles, Natalia y Máximo. Su abuelo materno, Miguel Cástulo Alatriste, había sido gobernador del estado de 1857 a 1861 y murió fusilado al año siguiente, en las secuelas de la intervención francesa.

Por su parte, su padre, Manuel Serdán, participó en 1878 en la creación del Partido Socialista Mexicano, de tendencias anarquistas. Junto con otros partidarios fundó La Revolución Social y escribió en coautoría con ellos la Ley del Pueblo, con la que fundamenta la gran necesidad de reformas radicales contra el gobierno porfirista. La respuesta del aceitado mecanismo represor del viejo régimen fue su desaparición de la faz de la Tierra. A Manuel Serdán nunca más lo volvieron a ver. «La paz de los sepulcros» a los críticos del sistema, bajo la sospechosa mano del gobernador, literalmente le cayó encima como losa, silenciándolo a él y a decenas de opositores más. Para la mayoría de los mexicanos, las mieles del orden y el progreso económico que el país alcanzó con Díaz simplemente no les tocaron.

La sangre de los Serdán había comenzado a derramarse tiempo atrás, a lo largo de todo el Porfiriato. Habían vivido a flor de piel los agravios del régimen; heredaban la amargura de la represión y el crimen, por lo que la condición liberal y revolucionaria de los cuatro hermanos Serdán respiraba por esas abiertas heridas familiares..., y las que estaban por venir.

Carmen asistió a un colegio prestigioso para niñas, pero tuvo que abandonarlo, al igual que sus clases de música, debido a que la situación económica familiar se deterioró dramáticamente con la ausencia de Manuel, aun cuando el abuelo materno había tenido varias fincas urbanas. Sus hermanos también tuvieron que abandonar sus estudios. Aquiles únicamente cursó el primer año de preparatoria. Las heridas se seguían acumulando. No obstante las vicisitudes y dificultades, los hermanos Serdán no cesarían en su lucha por acabar con la tiranía, siguiendo el camino del saber: los cuatro fueron ávidos lectores y consumados autodidactas.

Tuvieron acceso a la nutrida biblioteca del esposo de Natalia, un juez que había heredado la biblioteca de Francisco Melitón Vargas, penúltimo obispo de Puebla durante el siglo XIX; así como a los libros, principalmente de pensadores europeos, de la biblioteca de su padre, don Manuel. Además, en casa de la familia Serdán Alatriste se celebraban informales pero sesudas tertulias, en las que se discutían diversos temas sobre literatura y política. Simultáneamente, Aquiles y Máximo solventaron la economía familiar estableciendo una fábrica de calzado. Poderosa combinación que los rodeaba: libros, conocimiento y debate político en el seno de la clase obrera. Todo esto forjó las bases de su formación política, así como el destino indivisible de Carmen y sus hermanos.

Hay que ser hombre para ser escuchada

En 1908, Aquiles Serdán fundó el periódico *No Reelección* para protestar contra la continuidad del gobernador poblano. También escribió en el mítico diario anarquista y opositor *Regeneración*, de los hermanos Enrique, Jesús y Ricardo Flores Magón, de la Ciudad de México. Para comprometerse aún más con la oposición, y tras conocer la sucesión presidencial en 1910, Aquiles fundó el Centro Antirreeleccionista de México, el 9 de mayo de 1909, y, localmente, el centro Luz y Progreso un par de meses después, club que le había sugerido el mismo Francisco I. Madero, mediante la correspondencia que compartían con regularidad. Los miembros de tal sociedad eran obreros, comerciantes y peones, quienes, en sus primeras demandas, destacaban: «El Centro propone como plataforma política la creación de escuelas y vocacionales para la capacitación de los trabajadores, un fondo para pensiones, indemnización por accidentes, el establecimiento de colonias agrícolas para trabajadores urbanos y rurales, la abolición de los monopolios y el desarrollo de la irrigación y de la agricultura en pequeño».

La concentración del poder de Porfirio Díaz y el uso de la represión lograron ese orden y progreso que, si bien en ciertos sectores del país sí se alcanzó, fue a costa de la supresión de las libertades individuales. En este sentido, los hermanos Serdán levantaron la voz, inconformes para exigir no solo derechos políticos, sino también sociales. Las mujeres también pagarían un costo muy elevado por ello.

Mujeres como Carmen Serdán se organizaron entonces en clubes políticos contra la dictadura porfirista. Las maestras normalistas fueron pieza angular en esta lucha y, conscientes de las injusticias y desigualdades imperantes en la sociedad, tomaron acción al fundar clubes antirreeleccionistas; se involucraron en todos los procesos revolucionarios y colaboraron en la redacción de planes y publicaciones periódicas.

Tras el fraude electoral perpetrado por Díaz en 1910, la oposición cerró sus filas, convencida de que este no se iría del poder sino mediante la lucha armada a la que convocaba Madero, convencido de que ya no había posibilidad de una transición política por la vía pacífica. La lucha antirreeleccionista de Madero encontró su fuerza motora en la prensa de oposición y en la formación de esos clubes políticos. El primer club femenil, presidido por la obrera Petra Leyva, en 1909, surgió justamente en Puebla: el «Josefa Ortiz de Domínguez», club cercanísimo al dirigido por Aquiles Serdán, y el «Luz y Progreso», en el que Carmen era delegada e importante dirigente.

Puebla se preparaba hasta los dientes para encarar al régimen porfirista. La historiadora Martha Rocha apunta:

> las mujeres que tomaron parte en aquel movimiento incipiente, la mayoría profesoras, demostraron capacidad para organizarse como propagandistas. En reuniones clandestinas y con sus escritos continuaron la denuncia de los excesos que transformaron a un gobierno promisorio en dictadura y la consecuente planeación del movimiento armado,

programado para el 20 de noviembre, de acuerdo con el Plan de San Luis, bandera de lucha del maderismo.

Carmen se involucró cada vez más en la militancia política. Ella y las hermanas Guadalupe, Rosa y María Narváez fueron algunas de las primeras colaboradoras del movimiento maderista en Puebla. Por las noches, ellas, personal y valientemente, repartían entre sus correligionarios no solo propaganda revolucionaria que imprimían de forma clandestina, sino también armas y explosivos, como pólvora y dinamita, para iniciar la insurrección en Puebla. Además de las aguerridas reuniones y convenciones del club, Carmen se volcó aún más en el movimiento: escribía propaganda contra el gobierno, firmaba como Marcos Serrato.

A pesar de que en esos momentos las mujeres estaban activamente involucradas y comprometidas con la lucha política, ya fuera como «contrabandistas» de armas, impresoras, emisarias y correos, no tenían la libertad necesaria para firmar sus escritos con su propio nombre y condición de mujeres. Incluso su madre, Carmen Alatriste, y su cuñada, Filomena del Valle, esposa de su hermano Aquiles, pertenecían a las filas de la oposición a Díaz. Las tres mujeres Serdán coordinaban el Partido Antirreeleccionista en el estado de Puebla. Sin embargo, lo que Carmen escribía en sus manifiestos y propaganda lo firmaba como si fuera un hombre más, como Marcos Serrato, para que las injusticias, inconformidades y demandas realmente fueran escuchadas. No es de sorprender. Los derechos civiles de las mujeres estaban a años de distancia en 1910. Tuvieron que esperar mucho más allá de la Revolución y su final para ser una realidad. Cuatro décadas más tarde, la Constitución reconoció a las mujeres mexicanas su derecho al voto.

La tragedia familiar fue la antorcha de la insurrección

El 18 de noviembre, Carmen, sus hermanos y amigos de la familia libraron una solitaria batalla en su casa. Se adelantaron al llamado puntual del 20 de noviembre, a las seis de la tarde, convocado por Madero en su Plan de San Luis, para iniciar el movimiento armado.

Los antecedentes de aquella trágica jornada los plantea la historiadora Martha Eva Rocha:

> Puebla fue el escenario de la epopeya del 18 de noviembre. Las mujeres poblanas intervinieron en la planeación de la insurrección popular. Las convicciones políticas de la familia Serdán, el parentesco y compromiso de Carmen con el movimiento de oposición influyeron para que fuera ella el enlace entre los maderistas en el exilio y los correligionarios poblanos. En octubre viajó a San Antonio, Texas, encargada de intercambiar información sobre los avances de la rebelión y, en Monterrey, se reunió con Gustavo Madero, quien le entregó dinero para la compra de armas y pertrechos de guerra. Al finalizar ese mes, los preparativos se habían terminado. La denuncia del acopio de armas y una orden de cateo en casa de la familia Serdán, el 18 de noviembre, desencadenaron el tiroteo.

Es muy grande la leyenda sobre la arenga de Carmen a los vecinos, que los dejaron morir solos en esos terribles momentos. Entró la policía a catear el domicilio familiar, por sospecha de acopio de armas, y Aquiles mató a tiros al primer teniente, pero los arrinconó en la casa el coronel Miguel Cabrera, jefe de la policía y encargado del operativo. Máximo cayó muerto a tiros y Aquiles tuvo que esconderse en el entrepiso de la casa, donde pasó 24 horas, pero una tos perniciosa que lo aquejaba tiempo atrás lo delató y murió de un tiro en la cabeza por el mismo Cabrera. Carmen y su cuñada Filomena, quien esperaba al tercer hijo de Aquiles, fueron arrestadas y encarceladas.

Después del triunfo maderista en 1911, Carmen y Filomena fueron liberadas, y se unieron a otras luchadoras políticas como las hermanas Narváez, Rosa Camarillo y la esposa del presidente Madero, Sara Pérez. Carmen fue fotografiada con ellas, portando el listón característico de la lucha de las mujeres maderistas. Tiempo después se incorporó al carrancismo. Nunca se casó, sin embargo, educó con esmero y amor de madre a sus sobrinos huérfanos. Carmen Serdán murió en la ciudad de Puebla el 21 de agosto de 1948, a los setenta y dos años.

Ciento diez años después del asesinato de sus hermanos y su encarcelamiento, en noviembre de 2020, su efigie aparece hoy en los billetes de mil pesos, junto a otra mujer de la época de la Revolución mexicana: Hermila Galindo. El nombre de Carmen Serdán está escrito con letras de oro en el Salón de Sesiones de la Cámara de Diputados, del H. Congreso de la Unión, desde el 26 de noviembre de 1948.

«Por el valor y el heroísmo sin límites que la señorita Carmen Serdán mostró en la jornada del 18 de noviembre de 1910 [...] merece que su nombre se grabe en el lugar donde figuran nombres de héroes venerados y fechas gloriosas», señala Nabor Ojeda.

La casa donde asesinaron a su familia, ubicada en el centro histórico de la ciudad de Puebla, es, desde el 18 de noviembre de 1960, el Museo Regional de la Revolución Mexicana.

Una mujer precursora

Martha Eva Rocha Islas afirma:

> Las mujeres precursoras que se enfrentaron al régimen de Díaz transformaron la condición que prescribe el género de esposas, madres, amas de casa, el «deber ser», por el de militantes de la oposición con todos los riesgos que ello implicó: las múltiples detenciones y encarcelamientos que padecieron. En la etapa armada revolucionaria ellas se incorporaron a la

lucha con igual intensidad y compromiso que los hombres, entregaron a la causa su experiencia acumulada y su obra política.

«Activista, se disfrazaba de hombre, invitó a los poblanos a iniciar la Revolución», señala Emilia Recéndez.

Por su parte, Julia Tuñón indica: «Las mujeres en la Revolución mexicana participaron en cada uno de los bandos en pugna, y su presencia activa definió muchos de los caminos que como sujeto social ha recorrido hasta hoy».

Más allá de la leyenda sobre si Carmen salió al balcón de su casa con rifle en mano para gritarles a los curiosos que ayudaran a su causa, las acciones políticas en las que participó imperiosamente fueron reales, contundentes; marcaron su vida. Eso la convirtió en una mujer que con valentía vivió por las causas e ideas que creía justas: las de la revolución antirreeleccionista.

Arenga y leyenda viva

Sin importar que sea realidad o solo una leyenda que Carmen Serdán disparó contra el oficial federalista que irrumpió en su casa aquel trágico 18 de noviembre, no necesitó haber matado a un enemigo para ganarse su lugar en el movimiento revolucionario. Su lucha había empezado tiempo atrás. Quizá en ocasiones con una identidad ficticia, como Marcos Serrato, pero de la manera más profunda y entregada: la que nace de los ideales, la que se defiende con la entraña, con la pluma y las acciones públicas. Con la valentía que se requería para poner la vida misma en peligro por aquello que se cree correcto. Su cuota a la causa revolucionaria maderista la había cubierto ya, y con creces.

Carmen no solo se entrevistó con Francisco y Gustavo Madero, sino que elaboró propaganda, escribió en diarios, almacenó armas, las llevó «de aquí para allá», apoyó a sus hermanos y a sus correligionarios, hombres y mujeres; con valentía salió al balcón de la casa ultrajada

a arengar a la gente, a reclamar a los vecinos que los ayudaran ante el artero ataque del que estaban siendo víctimas por parte del gobierno federal. Aunque fue inútil la llamada de auxilio, el hecho es que Carmen salió desesperada y armada a pedir ayuda por los suyos.

¿Carmen Serdán disparó contra el primer policía que allanó la casa y sus familiares le aconsejaron negarlo para evitar consecuencias más duras? Ya habían muerto Máximo y Aquiles; su mamá se quedaría sola, al igual que Filomena, su cuñada, y los huérfanos de su hermano, sobrinos que ella misma criaría como hijos suyos. No había cabida para más tragedias. Pero eso es parte de la leyenda. Si apretó el gatillo en defensa de la causa revolucionaria, nunca se sabrá. El resto de sus acciones son verídicas. Isidro Fabela, distinguido diplomático mexiquense, aseguraba que ella misma le contó en una entrevista, poco después de la tragedia en Puebla, que, con un rifle en mano, había buscado, sin lograrlo, el apoyo de quienes seguían el movimiento.

Antes de morir, Carmen Serdán recibió el homenaje de ese partido revolucionario —el PRI— en que se había transformado la Revolución después de décadas en el poder y que la convirtió en una desconocida heroína, con una ramplona pensión, por su heroísmo y entrega.

IX. Antonieta Rivas Mercado

La mujer que luchó contra su tiempo

*Ciudad de México, 28 de abril de 1900 -
París, Francia, 11 de febrero de 1931*

Me siento radiar de felicidad. Mañana, en una revisión de diez páginas, habré terminado mi deuda con México. « La democracia en bancarrota». La he hecho en dos meses y seis días. Me siento ligera, luminosa, etérea, liberada de un peso, pronta a volar a mi propia creación.

Antonieta Rivas Mercado

(Diario de Burdeos, *1930*)

El ángel del Monumento de la Independencia no es la representación de Antonieta, hija del arquitecto Antonio Rivas Mercado, quien ejecutó el proyecto de la emblemática columna honoraria, ubicada en el Paseo de la Reforma de la Ciudad de México en 1910, con motivo del centenario de nuestra independencia. Tampoco es un ángel. Se trata de una victoria alada a punto de emprender el vuelo, el emblema hecho en bronce que eligiera el presidente Porfirio Díaz como parte de los festejos de tan importante fecha. Ahí empieza el mito de esta enigmática mujer de nuestra historia. El mito y la leyenda de Antonieta Rivas Mercado.

Además de la falsa idea de que fue la modelo de esta efigie, es una verdadera lástima referirse únicamente a ella como la mujer que fungió como mecenas de grandes artistas, escritores y grandes músicos de principios del siglo XX en México, porque, si bien fue una tenaz impulsora y patrocinadora de la cultura y el arte mexicanos, su talento era mucho más poderoso que ser solo el motor detrás de ellos. O peor aún, a menudo se le recuerda nada más como la mujer cuya vida tuvo un trágico final, una fría mañana del invierno parisino.

Antonieta Rivas Mercado debe figurar como parte de esa tremenda generación de luminosos artistas y escritores contemporáneos suyos, llamados justamente los Contemporáneos, con quienes compartió ideales, consignas, creaciones, obras, recursos, amistad y amor, y que, junto con ella, perfilaron el rostro cultural del naciente siglo XX mexicano. Su férrea personalidad e intensa pasión por lo que amaba y, en concreto, su hoy conocida y extensa obra literaria así lo demuestran a noventa años de su muerte.

Numerosas recopilaciones de sus cuentos, obras de teatro, ensayos, prosa, traducciones, novelas, crónicas, su diario y correspondencia personales dan prueba de que Antonieta era una prolífica y luminosa escritora que vio truncada carrera y vida por las circunstancias de un entorno personal que nunca favoreció su condición de mujer. Antonieta era una mujer muy inteligente, talentosa, dedicada y apasionada por todo cuanto tuviera que ver con el arte y las letras. El talento le corría por las venas y asimiló tales brillos intelectuales desde su nacimiento: era hija del afamado arquitecto y escultor porfirista Antonio Rivas Mercado, director de la Academia de San Carlos y autor, entre otras obras, del Teatro Juaréz de Guanajuato y de la Columna de la Independencia, para los festejos del centenario de 1910.

Además de desarrollar un perfil profundamente intelectual y culto, la personalidad de Antonieta estuvo marcada por los sentimientos que experimentó al haber sido la hija, esposa, amante, enamorada no correspondida y madre de personajes que determinaron para ella un destino lleno de luces y sombras, y sin duda también de alegrías, pero que, primordialmente, la orillaron a abismos emocionales y desesperado sufrimiento. En su corta vida personal y pública, Antonieta Rivas Mercado encarnó con rabiosa pasión a todas esas mujeres a quienes «les tocó vivir» durante las tres primeras décadas de ese siglo con el que nació en unísona sincronía. El trágico final de su vida, el 11 de febrero de 1931, en el que ella misma se arrancó el alma de un tiro en el corazón, sentada frente a un Cristo crucificado en una banca de la catedral de Notre Dame, en París, muestra la fuerza desbordada de su apasionado espíritu.

Antonieta iba con el siglo

Con el nacimiento del siglo XX, también nació María de la Luz Antonieta Rivas y Castellanos, según su recién encontrada acta de nacimiento, o María Antonieta Valeria, según su fe de bautismo, el 28 de abril de 1900, en la casona familiar construida dos años antes por su padre, en el número 717 de la 3a calle de Humboldt, en la colonia Bella Vista y de San Fernando —después, calle Héroes número 45, de la actual colonia Guerrero—, de la Ciudad de México. Su padre fue el afamado arquitecto de la época de oro del Porfiriato, Antonio Rivas Mercado, y su madre, Matilde Cristina Castellanos Haaf.

El arquitecto Rivas Mercado, director de la Academia de San Carlos, era una gran personalidad en el ámbito artístico y cultural de la época, así que a sus hijos se les reconoció siempre con los dos apellidos paternos. El Oso Rivas Mercado, como le decían colegas y alumnos por su corpulencia y sus casi dos metros de estatura, era un hombre de gran carácter y presencia. A pesar de su cercanía con el gobierno de Porfirio Díaz, mantenía una postura más abierta y crítica en muchos sentidos; incluso era bastante liberal. Rivas Mercado fue quien becó al jovencísimo Diego Rivera, entonces alumno en la Academia, para que efectuara sus estudios de pintura en Europa.

El Oso era toda una celebridad, un hombre de grandísima personalidad. A los once años viajó solo a Europa para realizar sus estudios, convirtiéndose en dedicado estudiante y ávido viajero. Recorrió Francia, España e Italia, empapándose de las principales corrientes artísticas y arquitectónicas del momento, aprendizaje que, años después, al ejecutarlas en México, le traerían todo ese reconocimiento. Hombre de insólitas anécdotas personales, como aquella en la que en una ocasión luchó cuerpo a cuerpo con el oso de un gitano, en Saint-Germain-des-Prés, en París, para ganar un luis de oro y tener más dinero para pagar sus estudios. De ahí también su particular sobrenombre.

El arquitecto, además de ser director de la Academia de San Carlos, fue designado por el presidente Porfirio Díaz para retomar el proyecto del diseño de la Columna de la Independencia para los festejos del centenario en 1910. Su talento lo avalaba. En 1898 comenzó la construcción de su propia residencia familiar, la mansión de Héroes 45, excepcional ejemplo de sus dotes como arquitecto, lo que le valió imponer el *estilo Rivas Mercado:* una arquitectura muy apreciada por la alta sociedad porfirista por su bellísimo eclecticismo, adelantos técnicos y procesos constructivos de vanguardia, y por responder a las costumbres de dicha sociedad.

Rivas Mercado es también el autor de grandes e importantes obras que, al igual que la Casa Rivas Mercado y la Columna de la Independencia, permanecen espléndidas hasta nuestros días, como la Hacienda de Chapingo —entre otras haciendas pulqueras—, el Teatro Juárez de Guanajuato y el Salón Morisco de Palacio Nacional. Este último estilo se convirtió en su predilecto desde que visitó en su juventud la España mudéjar de su abuelo paterno y que le dejó profunda huella. El fez que portó durante toda su vida era un homenaje a sus raíces árabes.

No era extraño entonces que en casa de Antonieta el arte se respirara en cada esquina. Alicia, su hermana mayor, Amelia y Mario, sus hermanos menores, vivían rodeados de esas corrientes artísticas y culturales que el Oso procuraba que llegaran a sus cuatro hijos. Antonieta y sus hermanos recibieron una nutrida y muy estructurada educación por parte de institutrices altamente calificadas. No contento con crearles una escuela particular en casa, el arquitecto llevó a sus hijos, en 1909, a un maravilloso viaje por Europa para adquirir los materiales con los que adornaría la Columna de la Independencia, el proyecto que se convirtió en uno de los más grandes emblemas del Porfiriato y que haría inmortal en nuestra historia el apellido Rivas Mercado.

El matrimonio de Antonio con Matilde no fue del todo bien, por lo que ella abandonó la mítica casona, así como su relación con el arquitecto —no así con sus hijos— tras un viaje de dos años por Europa en 1913. Para esas alturas, el vínculo entre Antonieta y su padre era inquebrantable. Antonio fue el único hombre en su vida que volcaría en ella un inmenso amor y apoyo permanentes, por encima de todo y de todos. Antonieta era la niña de sus ojos.

La nuera a la que Antonieta nunca conoció, la escritora Kathryn S. Blair, esbozó su vida magistralmente en la novela histórica *A la sombra del Ángel*, en 1995: «En todos los relatos resaltaba el nombre de Antonieta; la niña inquieta que escribió su primer poema a los tres años, la que bailaba con gracia innata, la que tocaba el piano como concertista, la que hablaba inglés y francés desde los seis años. Antonieta, que siempre andaba con un libro bajo el brazo, a quien no le importaba que su mamá la castigara por cualquier cosa. Le gustaba estar encerrada en su cuarto, donde nadie interrumpiera su lectura». La historia de su nuera y de cómo escribió el emblemático libro más de sesenta años después es, en sí misma, una auténtica novela.

Aunque Antonieta pertenecía a la alta sociedad porfirista, la nutrida instrucción recibida desde pequeña la llevó a reflexionar que ya era tiempo de cambiar su desigual condición, que debía existir otro destino para las mujeres. Muy temprano comenzó por cambiar el suyo propio. Pero esos tiempos en los que vivió nunca habrían de correr a su favor, sino todo lo contrario.

Vivir con el enemigo

Antonieta se casó con Albert Edward Blair Alexander el 27 de julio de 1918. Lo había conocido muy joven en una kermés y se reencontraron cuando ella tenía diecisiete años. Deslumbrada, se casó de dieciocho años, prácticamente con un desconocido diez años mayor. A simple vista resultaba entendible: Albert era un inglés radicado desde los diez

años en Estados Unidos; bien parecido, empresario exitoso y muy bien relacionado con las altas esferas sociales y económicas en el México de la época. Era amigo cercano y socio de Evaristo y Mario Madero, hermanos del finado presidente, con quienes había vivido una temporada en Coahuila y, a pesar de sus ideas conservadoras, había luchado en la Revolución mexicana. Incluso, el prolífico empresario, junto con otros socios de la Ciudad de México, fraccionaría años después los terrenos al poniente del Paseo de la Reforma, en el corazón del Bosque de Chapultepec, y los llamó Chapultepec Heights, lo que actualmente se conoce como las Lomas de Chapultepec, desde entonces la colonia más exclusiva de la ciudad. Antonieta es quien le sugiere que las calles se nombren como los picos y las montañas más importantes del mundo, quizá en un ejercicio de libertad añorada por los viajes y las alturas, en un matrimonio que le cortaba las alas y los deseos de volar. Albert también entabló jugosos negocios como la Mobil Oil Company, renombrada «Tal» para evitar problemas en la complicada industria petrolera mexicana de las primeras décadas del siglo.

El acaudalado y atractivo inglés parecía el mejor candidato para la joven de sociedad. Nada más alejado de la realidad: fue el peor compañero que Antonieta pudo tener. El poco tiempo que duró su noviazgo no les alcanzó para darse cuenta de que eran como el agua y el aceite. Albert nunca entendió la personalidad de esa inteligentísima mujer, cuya herencia y amor por la cultura corrían por sus venas. Albert esperaba que fuera una sumisa mujer de hogar, sin aspiraciones ni deseos personales más allá de la maternidad, las tareas domésticas y los compromisos sociales.

El 9 de septiembre de 1919 nació su hijo, su adoración y motor, Donald Antonio Blair Rivas Mercado, en la casa paterna de Héroes 45, donde aún vivían con el Oso Rivas Mercado. Pero a finales de 1921, por motivos de negocios, Albert se llevó a vivir a Antonieta y a su hijo al rancho de la familia Madero en San Pedro de las Colonias, en Coahuila,

pues era el administrador de los bienes familiares. Empezó el infierno para Antonieta. La vida campestre y austera no la hacía feliz, mucho menos el adusto Albert, quien, en un arranque de intolerancia y machismo, quemó en una pira punitiva las últimas plumas de las alas que tanto odiaba de su esposa: sus libros. Antonieta no le perdonó la mutilación y lo abandonó definitivamente en 1922, para regresar con su hijo a su santuario en la Casa Rivas Mercado, en la Ciudad de México, donde aún vivían su padre y sus hermanos menores, Mario y Amalia.

De cabello corto e ideas largas

A pesar de que el divorcio era una novedosa victoria de la sociedad mexicana, recién plasmada como ley, el 2 de enero de 1915, por el entonces primer jefe del Ejército Constitucionalista, Venustiano Carranza, para Antonieta no significó la natural solución a su desdichado matrimonio. Por el contrario, fue motivo de continuas críticas, censura e incluso persecución, en aquella agonizante sociedad porfiriana, a la que, sin duda, ella ya no pertenecía, por los vuelos de su carácter y la modernidad de su intelecto: «No está bien que un hombre y una mujer, cuando ya no se quieren, sigan viviendo juntos. La unión de los cuerpos debe ser de las almas, y la mía no va a ti», le escribió en alguna ocasión a su marido. Albert se oponía rotundamente al divorcio.

Una vez más, Antonieta se adelantaba a su tiempo y este, de nuevo cruel, le provocaba otra herida, a la postre, quizá la más mortífera: muchos años tardaría la sentencia de divorcio en favor de Albert, con lo que ella perdió, en 1927, la custodia de su único hijo, Donald Antonio. Durante los años en espera para obtener su soltería, en el otoño de 1923 emprendió un entrañable viaje a Europa con su padre, sus hermanos Alicia y Mario, y Toño, como le llamaban los Rivas Mercado al pequeño Donald Antonio. Como siempre, desde su tierna infancia, la arropaba de nuevo el *figurón* paterno.

El afamado arquitecto, acompañado por su familia y, en representación de la Sociedad de Arquitectos Mexicanos, asistió al Congreso Internacional de Arquitectos en Londres. Entre visitas y paseos durante los tres años que duró la excursión por España, Francia, Italia, Inglaterra, Alemania y Suiza, Antonieta bautizó a su pequeño en Madrid, estudió culturas, idiomas, teatro francés, y abrazó, renovada, la tempestad de los «locos veintes»; se cortó no solo el cabello, al estilo *garçon*, sino también cortó de raíz los convencionalismos sociales que la asfixiaban. Antonieta regresó a México decidida a lograr su independencia, como la mujer moderna que demostró ser. Cursó la preparatoria, preparando sus exámenes nada menos que con Alfonso Reyes, y tomó un curso de verano en la Universidad Nacional de México, con Daniel Cosío Villegas, sobre problemas políticos de México. A partir de entonces se vinculó, e incluso entabló amistad, con los artistas e intelectuales, mexicanos y extranjeros, más destacados de la esfera cultural de principios del siglo XX.

De manera simultánea, Antonieta continuó, como lo venía haciendo desde la separación de sus padres, con la administración de las cuentas del arquitecto; se convirtió en la cabeza de la casa familiar y se encargó del cuidado de sus hermanos menores. Alicia, la mayor, se había casado en París, en 1913, con el prominente empresario mexicano, dueño de diligencias y hoteles, José Manuel María Gargollo y Garay, y residía muy cerca, en Paseo de la Reforma e Insurgentes, en la casona del actual University Club, frente a la glorieta a Cuauhtémoc. Fue así como Antonieta, buscando un maestro de pintura para Amelia, conoció, a principios de 1927, a otro de los hombres que le cambiaron el alma y la vida: el pintor Manuel Rodríguez Lozano. Con Manuel, Antonieta conocería un amor profundo, pero también el dulce-amargo dolor de no ser correspondida.

La heredera y el mal de amores

Manuel Rodríguez Lozano había sido un cadete del Colegio Militar y estaba casado con la bellísima hija del general Manuel Mondragón, Carmen Mondragón, conocida después como la mítica Nahui Olin, de quien se había separado tras el fracaso de su matrimonio. A pesar de los largos años que pasó en Europa haciendo una carrera diplomática, el militar decidió dar rienda suelta a su verdadera pasión: el arte. A su regreso a México se había consolidado como un artista plástico de renombre, pero no contaba del todo con el apoyo de las instituciones culturales posrevolucionarias, por su cercano parentesco político con el funesto general Mondragón, uno de los porfiristas perpetradores del baño de sangre que fue la Decena Trágica, en febrero de 1913, que culminó con el derrocamiento de la presidencia y el asesinato de Francisco I. Madero.

Con dicho pasado porfiriano a cuestas y su poco gusto por el estelar movimiento muralista que predominaba, Rodríguez Lozano se acercó a otros jóvenes intelectuales que, como él, al margen del centro de atención, brillaron con luz propia, como el grupo de Los Contemporáneos: Jaime Torres Bodet, Carlos Pellicer, Bernardo Ortiz de Montellano, Xavier Villaurrutia, José y Celestino Gorostiza, Salvador Novo, Julio Castellanos, Enrique González Rojo, Gilberto Owen, Rubén Salazar Mallén, Ezequiel A. Chávez, Jorge Cuesta, entre otros. Manuel Rodríguez Lozano fue el lazo que unió a Antonieta con ellos para siempre.

El Oso Rivas Mercado no vivió para atestiguar en lo que se convertiría meteóricamente la niña de sus ojos: gestora cultural, traductora y escritora, defensora de los derechos de las mujeres, activista política, actriz y mito. Un icono de la cultura universal del siglo XX. Tampoco vería su temprano y trágico final. El arquitecto murió en el invierno de 1927, en su emblemática casona de Héroes, a los setenta y cinco años, debido a un cáncer de páncreas y una obstrucción intestinal. Antonieta

perdía el cobijo emocional de quien más la amó en la vida. Su amadísimo protector la dejaba sola.

Paradójicamente, ser albacea y uno de los herederos de la cuantiosa fortuna del Oso nebulizó, por fin, el aire que impulsó sus alas. Con la vitalidad de un dinamo, Antonieta no escatimó tiempo en poner manos a la obra en diversos proyectos que la apasionaban. No era ninguna improvisada. Toda su vida se había preparado para ese momento. A pesar de que la época no estaba tan lista como ella, se volcó con frenesí durante varios meses en la creación artística y cultural como muy pocos han hecho en una vida entera. Forjó su lugar en el movimiento de Los Contemporáneos: Antonieta publicó una reseña sobre el libro de la escritora española Margarita Nelken, precursora del feminismo, en la revista *Ulises*; participó junto a Villaurrutia y Novo en la creación del primer teatro experimental en México, el Teatro Ulises. El financiamiento entero de este proyecto corrió por su cuenta; promovió, inspirada en Jean Cocteau, que las escenografías de las obras clásicas tuvieran una estética moderna, actual, como símbolo de su devenir a lo largo de los siglos.

También, en julio de 1928, fundó el Patronato para la Orquesta Sinfónica de México, dirigida por Carlos Chávez y que, gracias a su patrocinio, sorteó los vaivenes políticos de tan turbulentos años, ofreciendo semanalmente las sinfonías más importantes, además de fungir como semillero para músicos y compositores mexicanos, quienes nacieron en su seno. Publicó el emblemático artículo que escribiera para *El Sol de Madrid*, titulado «La mujer mexicana». La editorial Ulises, también bajo su patrocinio, publicó ese verano de 1928 *Los hombres que dispersó la danza*, de Henestrosa; *Dama de corazones*, de Villaurrutia, y *Novela como nube*, de Gilberto Owen.

Se sentía imparable: estudiaba alemán, latín y música. Incursionó también como una de las primeras mujeres en poner un salón de baile, pese a la censura de propios y extraños: El Pirata, justo en el predio del convento de las Jerónimas, en la calle de Mesones, que Porfirio Díaz le había dado a su padre a cambio de los cincuenta mil pesos que aún le debía por la Columna de la Independencia, y que Antonieta a su vez heredó —en realidad era su albacea— a la muerte de Antonio Rivas Mercado, el 3 de enero de 1927.

Manuel Rodríguez Lozano era el amigo cómplice en todas sus empresas y aventuras. Él fue para Antonieta una especie de soporte emocional tras la pérdida de la figura paterna. Un profundo mal de amores que la llenaba de infelicidad y zozobra, pero del que nunca fue capaz de alejarse: «Es para usted para quien he vivido, faltando usted sé que mi vida no tendrá objeto», le escribió desolada. Quizá él se aprovechó del inmenso amor que ella le profesaba. Nunca le correspondió, a pesar de ser inseparables. ¿Cómo podría? Manuel era homosexual. Hasta sus últimos días, Antonieta sostuvo correspondencia con él. Su opinión le importaba mucho. Las palabras de Rodríguez Lozano nunca fueron de amor hacia ella:

> Por el año de 1928 tuve el alto honor de conocer a Antonieta Rivas Mercado, mujer extraordinaria desde todos los puntos de vista por su excepcional inteligencia, su fuerza, su carácter, su nobleza, su generosidad y su distinción. Por afinidad de intenciones, se estableció entre nosotros una positiva amistad, y esta extraordinaria mujer, que replanteaba constantemente interrogaciones sobre las cosas, y me hablaba de sus deseos de realizar una labor constructiva en favor de México, y que tenía profundo sentido estético arraigado desde su infancia por la práctica de la danza, me propuso alguna vez crear un teatro moderno que colocara a México, por su intención, al nivel de los países de Europa, de donde acababa de llegar [...] Por aquella época, Antonieta Rivas Mercado llegó a ser el centro del movimiento mexicano.

Su vida personal empezaba a sucumbir. Por solicitud de su hermana Alicia, había abandonado la casona paterna y resguardó todo el mobiliario en una bodega del ruinoso exconvento jerónimo, en donde comenzó a diseñar la que habría sido su nueva casa. Mientras tanto, se mudó con Mario y Amelia a la casa que les rentó, en la calle de Monterrey número 7, el arquitecto italiano Adamo Boari, autor del Palacio Postal y del Teatro Nacional, hoy Palacio de Bellas Artes. Tiempo después, aquel mobiliario sería robado de la bodega. Tras algunas acusaciones sin comprobar, ciertas voces responsabilizan al padre de Rodríguez Lozano, pues en algún momento fue administrador de los bienes de los Rivas Mercado Castellanos. Comenzaban para ella la ruina económica y los problemas familiares. La fortuna de Antonieta, y por lo tanto la de todos los hermanos, empezaba a escurrirse como el agua.

Un fraude devastador

Conocer al escritor, filósofo y candidato a la presidencia José Vasconcelos sacudió por completo a Antonieta. Representaba todo aquello con lo que ella se identificaba. El encuentro fue en la ciudad de Toluca, en plena campaña presidencial, en marzo de 1929. Él también quedó impresionado por esa valiente, cultivada y distinguida mujer, que rompía con los moldes de las mujeres de su época.

Con Vasconcelos compartió la férrea creencia de que México podía ser un gran país; que lo tenía todo: riquezas, cultura, arraigo; que era momento de cambiar las cosas para los mexicanos de una vez por todas, y, especialmente, el proyecto vasconcelista la motivó profundamente por ser el primero en prometer el voto a la mujer. Estaba convencida de que el destino de las mexicanas debía cambiar de raíz. Ella era muestra viviente de ello. Tener acceso a una educación, a cultivarse, a tener opciones, una opinión y una verdadera ciudadanía para buscar una vida por sí mismas o a la par de los hombres, más allá de ser «hija, esposa o madre de», y vivir un destino predeterminado y ajeno a su voluntad.

Antonieta lo creía firmemente, y la campaña política de Vasconcelos ofrecía eso: saldar la deuda de desigualdad y atraso con las mujeres mexicanas. Las veía sufrir pobreza, violencia doméstica —muchas veces por el alcoholismo de los hombres en casa—, marginación y juicios sociales y religiosos.

Las combativas sufragistas inglesas y americanas eran una fuente de inspiración para Antonieta, aunque consideraba que en México la vía para que la mujer obtuviera sus derechos civiles no debía ser el choque y la confrontación. Vasconcelos sería el presidente que daría el voto a las mexicanas por la vía legal. Pero la historia de México se ensañó con ella y sus ideales. Los atavismos sociales y su condición de mujer serían los jueces y destino de su desdicha. Antonieta vivió fuera de su tiempo, era una adelantada, pero no pudo ganar la batalla contra su era y sus contemporáneos. Aunque en 1917 la Constitución había otorgado el derecho a las mujeres a solicitar el divorcio, ella sufriría en carne propia la profunda desigualdad de la mujer ante la ley. «Es preciso, sobre todo para las mujeres mexicanas, ampliar su horizonte, que se les eduque e instruya, que cultiven su mente y aprendan a pensar».

También compartió su corazón con Vasconcelos, al iniciarse entre ellos una compleja relación amorosa. Antonieta Rivas Mercado le apostó a José Vasconcelos todo lo que le quedaba. En palabras de la escritora Patricia Rosas Lopátegui, Antonieta le dio todo: su amor, su talento, su apoyo y su dinero. ¿Se habrá imaginado ser algún día la esposa del presidente de la República y cambiar las causas y el destino injusto de las mujeres? La idea de ser la primera dama de su México amado seguramente la movía hasta los huesos. Pero la historia no le tenía reservado ese lugar. A ninguno de los dos.

Vasconcelos y Antonieta se convirtieron en apasionados amantes que se admiraron más por sus capacidades intelectuales que por un amor profundo y verdadero. Una vez más, ella se equivocaba sobre a quién le daba su corazón. Sin embargo, él le prometió el México que ella

anhelaba: el democrático, educado, moderno, el del voto femenino. Ella lo amó más, haciéndose ilusiones de un futuro en común que, al igual que con Manuel Rodríguez Lozano, nunca habría de suceder, pues Vasconcelos no se divorciaría nunca de su esposa, debido a sus profundas creencias católicas. Tampoco habría de suceder la presidencia vasconcelista.

En aquel momento, Antonieta ejercía como profesora de Práctica Teatral en la Universidad Nacional de México. Con sus alumnos, montó y dirigió una adaptación de la obra *Los de abajo,* de Mariano Azuela. Pero el romance con Vasconcelos y la participación de Antonieta en su campaña, pese a los embates de la persecución, iban viento en popa. Ambas habían comenzado simultáneamente. Antonieta invertiría en esta última toda su fortuna. Triunfal entró a la Ciudad de México José Vasconcelos, el 10 de marzo de 1929, en el automóvil descapotado de Antonieta. Mediante un evidente fraude, el presidente Plutarco Elías Calles *le robó* el triunfo a Vasconcelos e impuso a Pascual Ortiz Rubio en la presidencia de la República, en las escandalosas elecciones de noviembre de 1929.

La represión brutal del naciente sistema político mexicano ya había asesinado frente al cementerio de San Fernando, al terminar un acto de campaña en septiembre, al estudiante Germán del Campo, por lo que Antonieta huyó aterrada a Estados Unidos. Allí la recibió su amigo Federico García Lorca, en Nueva York. Estaba segura de que la sociedad no aceptaría tal afrenta a la democracia. Pensaba que no les robarían la elección, pero volvió a equivocarse. No hubo levantamiento alguno por el fraude a Vasconcelos y la presidencia de Ortiz Rubio se inició de forma rampante.

Espiral sin fin

Antonieta se rompió por dentro ante la desilusión de ese México que ella soñaba junto a José Vasconcelos y que no sucedió. Sintió una rabia y frustración enormes. El golpe en su ánimo fue mortal, devastador;

nunca volvió a ser la misma. Derrotada, regresó a México en abril de 1930 para recibir la sentencia de divorcio, en la que perdió la custodia de Donald Antonio; a partir de ese momento necesitaría el permiso de su exesposo para salir del país. Empezaba el torbellino que la succionaría irremediablemente.

Desafiando todo y a todos, no se sintió capaz de vivir bajo semejante yugo de injusticia y huyó con su pequeño hijo a París; después, a Burdeos, para refugiarse con la familia que había acogido a su añorado padre cuando era joven. Inscribió a su Toño en el mismo liceo al que asistió el mítico arquitecto. Estaba decidida a continuar su vida como escritora, pero su dinamo vital se extinguía inexorablemente. A pesar de haber terminado de escribir el ensayo *Democracia en bancarrota,* un detallado y sentido ensayo sobre México y la campaña vasconcelista, una fuerte depresión caía sobre su ánimo. Su delicado sistema nervioso puede leerse en su *Diario de Burdeos,* iniciado a su llegada al poblado francés, meses atrás. Ya no tuvo las fuerzas para levantarse «por dentro». También terminó de escribir la primera parte de su novela, que quedaría inconclusa: *El que huía,* dedicada a Manuel Rodríguez Lozano.

Las noticias que le llegaban de México tampoco le ayudaron. Sus hermanos, pensando que lo mejor era que devolviera a Donald Antonio y que no se metiera en más problemas legales ni económicos, para forzar su regreso a México le hicieron creen que estaban en bancarrota. No podría disponer de más dinero. Probablemente no estuvieron de acuerdo con su forma de administrar la herencia, invirtiéndola en proyectos y empresas culturales, sobre todo en política. Eso no se usaba. Mucho menos que lo hiciera una mujer. La familia Rivas Mercado Castellanos seguía férreamente las reglas sociales vigentes desde los tiempos de don Porfirio. No alcanzaron a entender a ese espíritu libre que, como mujer, anhelaba conducirse por la vida. Sus conceptos anacrónicos terminaron por asfixiarla.

Su destino estaba ya decidido cuando se encontró en aquella cita parisina con Vasconcelos, el 7 de febrero de 1931. Dejó al niño en la casa de huéspedes en Burdeos. «Nadie es indispensable», declaró Vasconcelos, rompiendo sus esperanzas amorosas y su intención de conseguir un trabajo como escritora en su revista. «No estás quebrada, vuelve a México», insistía él, al igual que sus amigos y familiares. Antonieta lo citó entonces para desayunar, pero no llegó. Se dirigió a Notre Dame, donde se suicidó con la pistola que le había sacado a escondidas a Vasconcelos. Terminó así, a los treinta años, con su vida y sus problemas. Una noche antes, evidentemente en crisis, Antonieta Rivas Mercado escribió:

París, martes 10 de febrero de 1931

He decidido acabar; no lo haré aquí en el hotel para no comprometer a los que me han ayudado. Anoche vino a dejarme hasta la puerta y en su propio coche, Arturo [Pani]. No parecía tomar en serio la afirmación que le hice de estar decidida a matarme, a fin [de] que mi hijo vuelva a su padre, que lo educará según las costumbres de su familia burguesa. ¡Pobre Arturo! Soportó que le hiciera los más duros reproches. ¿Cómo podía ser que un hombre como él, tan decente en lo personal, se mantuviera al servicio de la pandilla de miserables que forman el gobierno de Calles en México? [...]

Lo mejor es lo que tengo decidido; será mañana y sin falta. Ya está en mi poder la pistola que saqué de entre los libros del baúl de Vasconcelos. Es la que lo acompañó en toda la gira electoral. «No la usaré», me dijo alguna vez, «sino para responder alguna agresión personal, para evitar algún vejamen». Es bueno que no haya tenido necesidad de ella; ¡pobre!, le va doler cuando sepa que me estaba reservado a mí el usarla [...]

No me necesita, él mismo lo dijo cuando hablamos largo la noche de nuestro reencuentro aquí en esta misma habitación. En lo más animado del diálogo, pregunté: «Dime si de verdad, de verdad, tienes necesidad de mí». No sé si presintiendo mi desesperación o por exceso de sinceridad, reflexionó y repuso: «Ninguna alma necesita de otra, nadie, ni hombre ni mujer, necesita más que de Dios. Cada uno tiene su destino ligado solo con el Creador». [...]

Ya tengo escrita la carta que dirijo a Arturo, reiterándole el encargo de que recoja a mi hijo y lo mande a México. No quiero mezclar en nada de esto a Vasconcelos, quiero evitar el escándalo. Sabrá lo que he hecho por el aviso de Arturo. Le va a parecer increíble. Hace poco me dijo que una madre que ha luchado tanto por conservar a su hijo no se va a matar dejándolo solo, porque de paso perdería el pleito. ¡Mi hijo!, no quiero pensar más en él; le dirán que estoy enferma, en un sanatorio, y su padre inmediatamente mandará a recogerlo; es mejor para el futuro de mi hijo; le quedará solo el recuerdo de una infinita ternura. No puedo más. La cabeza me estalla; no puedo dormir. Mañana, a estas horas, todo habrá concluido, es mejor así. Hölderlin tenía razón. Vasconcelos nunca quiso que se lo leyera. No es de su temperamento y lo adivinó.

Terminaré mirando a Jesús; frente a su imagen, crucificado... Ya tengo apartado el sitio, en una banca que mira al altar del Crucificado, en Notre Dame. Me sentaré para tener la fuerza para disparar. Pero antes será preciso que disimule. Voy a bañarme porque empieza a clarear.

Antonieta entró así aquella fría mañana de febrero —tras responderle a Vasconcelos, quien la buscó en su habitación, que lo alcanzaría para desayunar— por la puerta de Santa Ana, del lado sur de la catedral. En su bolso traía la pistola de Vasconcelos y la carta para su amigo el cónsul mexicano, en la que le encargaba rescatar a Donald Antonio. Ya estaba muerta en vida. Cegada por la depresión, cayó enferma de los nervios, sin dinero ni trabajo. Sin consuelo alguno. Había perdido la batalla contra su tiempo. Ese tiempo que, con absoluta crueldad, no tenía nada más para ella.

París, 11 de febrero de 1931

Antes del mediodía me habré pegado un balazo. Esta carta llegará cuando, como Empédocles, me habré desligado de una envoltura mortal que ya no encierra un alma.

Le ruego cablegrafíe (no lo hago yo porque no tengo dinero) a Blair y a mi hermano para que recojan a mi hijo [...]

Mi hijo está en Burdeos: 27 Rue Lechapellier con la familia Lavigne. Gente que me quiso mucho y quien quiere bien a mi pequeño, pero me urge que lo recojan [...]

Antonieta Rivas Mercado murió en el hospital de Dieu, adonde la llevaron, herida de muerte, y la enterraron al día siguiente en el cementerio de Thiais de París, acompañada de muy pocas personas. Al no tratarse de una perpetuidad en dicho panteón, sus restos fueron

trasladados a una fosa común. Décadas después, algunos familiares trataron en vano de dar con ellos, para regresar a México a la mujer que amaba y esperaba tanto de este país. Un México que ahora se ha puesto a tiempo con el suyo. Sin tantos prejuicios. Y que en su época prefirió evitar el escándalo. No podían traerla de vuelta; ni su cuerpo ni las cenizas. Plutarco Elías Calles no habría enarbolado a otro mártir de la oposición vasconcelista.

Ya adulto, Donald Antonio se encontró con Vasconcelos. Había reconocido en *Ulises criollo* que lo más duro que le había tocado vivir era la muerte de Antonieta. La familia siempre lo culpó. Quiso explicarle a Toño sus motivos, pero él no asistió a la cita, y le repitió a su esposa, Kathryn, que no quería saber nada de su madre, durante casi toda su vida. Meses después, Vasconcelos murió.

Vida de novela

Como asegura Benito Taibo: «Sin literatura no hay historia». *A la sombra del Ángel*, novela con toques biográficos escrita por Kathryn S. Blair, hace eso justamente. Se trata de la obra literaria que nos enseña la historia de esta excepcional mujer, así como de las tres primeras décadas de la historia del siglo XX mexicano: de los últimos diez años del Porfiriato, los diez de la Revolución y los primeros diez del México que forjaba los cimientos de la modernidad.

A los ochenta y ocho años, Donald Antonio Blair Rivas Mercado, el niño que Antonieta había dejado encargado en la pensión de Burdeos, le confesó a su esposa:

> Tú me hiciste conocer a la mujer que fue mi madre con tu libro [...] Quiero ir a Notre Dame, el último lugar en donde estuvo viva, y decirle que la perdono. Que ahora reconozco la gran mujer que fue y lo importantes que fueron todos esos proyectos que ella inició. Que México la reconoce como la promotora de la cultura moderna. Quiero decirle que la entiendo,

> la quiero y estoy orgulloso de ser su hijo [...] Tú me hiciste conocer a la mujer que fue mi madre con tu libro.

Setenta años se tardó aquel niño encargado en Francia en perdonar y entender el suicidio de su madre; en dejar de pensar que lo había dejado solo sin importarle nada más; en entender la tormentosa vida de una mujer que luchó contra su tiempo, su época y el «qué dirán» de familiares y amigos.

Antonieta, además de haber luchado contra los prejuicios de su época, lo hizo contra los monstruos personales del desamor y la depresión. En los momentos más oscuros, nadie la comprendió, lo que llevó a Antonieta a truncar su vida tempranamente, a los treinta años, cercenando la existencia de una escritora potentísima. Una escritora de la estatura de Los Contemporáneos, sus contemporáneos.

X. Dolores del Río

Conquistar al mundo con los ojos

Durango, Durango, 3 de agosto de 1904 -
New Port Beach, California, 11 de abril de 1983

La belleza es una actitud; es una pena que no pueda embotellarse.
Es la belleza en el actuar, en el pensar lo que se va reflejando en la cara;
además, esas son las bellezas que maduran con los años y se conservan más tiempo;
es algo indefinible en la expresión de los ojos,
en algo suave de la cara que refleja el modo de pensar, de sentir.

DOLORES DEL RÍO

Treinta años después de que los hermanos Lumière ofrecieran aquella primera y legendaria función de cine en el sótano del Gran Café de París, el 28 de diciembre de 1895, Dolores del Río llegó a Hollywood —durante el nacimiento de esa meca del cine mundial— para convertirse en actriz. Muy joven —de veintiún años—, con esos hermosos ojos bien abiertos y del brazo de su no tan joven marido —treinta y ocho años—, Jaime Martínez del Río. La elegante Dolores Asúnsolo López Negrete no sabía inglés, solo sabía decir *yes*, nada más. Tampoco sabía que, además de triunfar por más de dos décadas en aquella mítica industria hollywoodense, estaba destinada a ser la estrella que encarnó el símbolo de la mujer mexicana durante la Época de Oro del cine nacional, emblema de ese estado posrevolucionario que encontró eco en una narrativa nacionalista, de valores artísticos y visuales de lo que debía representar *lo mexicano*. Dolores del Río fue la hermosa actriz que dio vida a la diosa etérea, mítica e inalcanzable; encarnó a la mujer exótica en el hechizante mundo de la pantalla de plata del cine hollywoodense de los años veinte y treinta del siglo XX. Ese erotismo glamuroso que irradiaba Dolores, elegante y poderoso —fuera en silencio, en el cine mudo, o con palabras, cuando surgió el sonoro—, se transformó en gallardía y orgullo femeninos, al lado del director Emilio *el Indio* Fernández y del fotógrafo Gabriel Figueroa, entre otros iconos de la industria cinematográfica.

Dolores del Río alcanzó la gloria, el reconocimiento y el éxito rotundos. Pero, vinculándose a la historia del naciente siglo, más allá de la ficción glorificada, encarnó en su propia piel a la mujer mexicana que transitaba del Porfiriato a la modernidad, dejando huella en el mundo cultural de México, independiente, actual e indeleble.

Durango, el tío Panchito y el Colegio Francés; ah, y la Revolución

En la señorial casona de cantera ubicada en el número 28 de la calle de Seminario, en la ciudad de Durango, nació el 3 de agosto de 1904, a las 6:45 horas, María Dolores Asúnsolo López Negrete. Heredera de dos prominentes y poderosas familias de aristocrático linaje, muy arraigadas en el porfirismo imperante en el norte del país, dedicadas a la ganadería y al comercio. Su padre fue Jesús Leonardo Asúnsolo Jaques, director del Banco de Durango, que administraba sus propios negocios comerciales y también los del banco, por lo que poseía ya, por méritos propios, una considerable fortuna. Estaba casado con Antonia López Negrete y López, nacida en la Hacienda de la Concepción de Canutillo. La madre de Dolores podía presumir de tener la historia de su distinguida familia, en documentos notariados, sobre el origen de sus ancestros; de cada uno de ellos, incluyendo el suyo: una familia de legítima alcurnia proveniente de España, asentada en México desde el Virreinato. Así fue la cuna en que nació la hija única del matrimonio Asúnsolo López Negrete. Los idílicos días de su niñez, como los de muchas familias de su esfera social, fueron afectados por el estallido de la Revolución mexicana, el 20 de noviembre de 1910, especialmente en su natal Durango. De su tierna primera infancia, recordaba Dolores:

> mis primeros recuerdos de niña son alrededor de un patio, donde tuve mi primer encuentro con las flores y las plantas que todavía hoy me rodean [...] el patio de una típica casa de provincia: de un solo piso en el que estaban las recámaras, la salita, el comedor, y donde siempre había macetas cuajadas de flores. Recuerdo que mis primeros pasos fueron precisamente ayudándome yo misma a caminar, sosteniéndome de las macetas [...] teníamos una carretela con dos caballos que era la envidia de todos mis primos. Yo me subía a la carroza como una princesa. Mi mamá iba en la parte de atrás y yo la acompañaba a la iglesia, a hacer visitas, a la costurera. Me llenaba de moños y de fondos superpuestos.

Al grito «¡Ahí viene Pancho Villa!», que cayó como un relámpago de terror en casa de Dolores, una mañana del inmediato diciembre, doña Antonia se llevó a su hija, escondida en una canasta, en un tren con destino a la Ciudad de México. Su esposo las alcanzaría después. ¡Y cómo no! En la hacienda propiedad de la familia López Negrete, Pancho Villa había jurado vengar la violación de su hermana Martina Arango y, de paso, las décadas de ignominia y agravios sufridos por cientos de campesinos durante el injusto e impresentable Porfiriato latifundista.

En 1912, los Asúnsolo López Negrete estaban ya instalados en la Ciudad de México. Eran vecinos del tío Panchito, en el número 8 de la calle Berlín, en la elegante colonia Juárez. Su afrancesada casa de dos pisos se encontraba en la misma calle que la de ese pariente cercano de su mamá, que les había ayudado durante aquellos turbulentos tiempos. El recientemente electo presidente de la República, Francisco Ignacio Madero, tras el estallido de la lucha armada por la democracia, que él mismo encabezó, era el tío Panchito de Dolores, primo de su mamá, y quien les había ayudado a salir, más o menos bien librados, de aquel torbellino revolucionario.

El presidente Madero no tuvo la misma suerte que sus parientes cercanos. Tras los violentísimos hechos de la Decena Trágica, en

febrero de 1913, él, su hermano Gustavo y el vicepresidente José María Pino Suárez murieron asesinados por la artera traición del deleznable Victoriano Huerta y otros miembros resentidos del agonizante Porfiriato.

La *chata de sociedad* que amaba el baile

Dolores estudió internada, como correspondía a su posición, en el prestigioso Colegio Francés de San Cosme. Su destino era que las hermanas josefinas la prepararan para llegar a ser una buena madre y una eficiente ama de casa. Dolores resultó una adolescente muy dedicada a los estudios, y una gran bailarina. Tomó clases de baile español en la afamada academia de Felipa López, pues desde muy pequeña adoraba practicarlo. Esa sangre artística que fluía todavía adormecida por sus venas transformaría al poco tiempo ese destino y lo dirigiría lejos de la vida conyugal y doméstica. Su pasión por el baile la llevaría a sitios inimaginables. Era toda pasión, pero también inteligencia, dedicación y una particular característica —algo que paradójicamente, y por atavismos y prejuicios sociales, no la hacía feliz en aquellos años—: su tipo de trigueña. «No, no me recuerdo como una niña bonita, más bien como una niñita feíta, aunque mi mamá se enojaba mucho porque decía que era yo preciosa. Yo sigo diciendo que era una niña fea; fea, no, vamos a decirle feíta... Cuando menos, no dentro de mi idea de lo que es una niña bonita».

A beneficio del Asilo de Incurables, a los dieciséis años participó en una pantomima y una obra de teatro de la gala ofrecida en el Teatro Esperanza Iris, en julio de 1920, por la crema y nata de la sociedad. Tras el asesinato del presidente Venustiano Carranza se respiraba una calma tensa durante el interinato del presidente Adolfo de la Huerta. La Revolución mexicana todavía estaba lejos de consumarse. Mientras tanto, la pujante actividad artística de principios de siglo envolvía a aquella joven, para no soltarla jamás.

Joaquín García Pimentel y Roberto Montenegro fueron los encargados de pintar los cuadros de la escenografía en ambas puestas en escena. De la dirección se encargó Jaime Martínez del Río y Vinent. La jovencita conocería así, tras bambalinas y bailando sobre un escenario, al hombre con quien se casó por primera vez. Ella encarnaba a Rosaura y él a Pierrot. Jaime pertenecía también a dos familias porfiristas de rancio abolengo y raíces criollas. Los Martínez del Río poseían grandes extensiones de tierra por todo el país. Curiosamente, la propiedad más «pequeña» de la familia de Jaime era el rancho La Hormiga, por eso lo llamaban así, adquirido de José Rincón Gallardo, en una loma ubicada entre Chapultepec y el pueblo de Tacubaya, en Molino del Rey, Ciudad de México. En tal sitio tuvo lugar una de las batallas entre los ejércitos mexicano y estadounidense, durante la invasión norteamericana (1846-1848). Actualmente, en el lugar se encuentra el complejo cultural Los Pinos, conjunto arquitectónico que fungió como residencia oficial del presidente de la República, desde su acondicionamiento en 1934 por Lázaro Cárdenas hasta el final del sexenio de Enrique Peña Nieto, en diciembre de 2018. En el chalet de dicho rancho cargado de historia se casaron por el civil, el 11 de abril de 1921, Dolores Asúnsolo, todavía de dieciséis años, y Jaime Martínez del Río, de treinta y cuatro. Presagio que la arraigó profundamente toda su vida a México y a sus historias.

En la iglesia de la Inmaculada Concepción, de la calle Belisario Domínguez, el obispo Ruiz los unió ese mismo día en matrimonio «para toda la vida». Ambos lo creyeron así. El destino les deparaba un escandaloso divorcio, en el firmamento de Hollywood. Nadie pudo haberlo imaginado. La personalidad de su esposo era sumamente refinada. Pasó décadas de su infancia y juventud en Europa, estudiando en la Universidad de Stoney Hurst, Inglaterra, por lo que dominaba a la perfección el inglés, recitaba a Shakespeare, tocaba el piano y pintaba. Hermano del destacado arqueólogo, educador, editor y hombre de letras Pablo Martínez del Río, quien fue catedrático de la Facultad de Filosofía

y Letras, director de la Escuela Nacional de Antropología y creador del Departamento de Prehistoria del Museo Nacional de Antropología. Sin duda, el intelectual debió influir en el amor por la cultura y las artes de su hermano menor.

Jaime no sabía nada de cuentas, ni de haciendas ni de producción algodonera

Tras año y medio de una elegante y romántica luna de miel por Europa, el matrimonio se trasladó a la comarca lagunera duranguense, a principios de 1923, a la hacienda de su propiedad, Las Cruces, en Nazas. Traían a flor de piel el fantástico viaje, en el que Jaime presumió a su hermosa y joven esposa con sus encumbradas y nobles amistades, como un perfecto aristócrata caballero: dominando idiomas, protocolos y doctas conversaciones con impecable sonrisa. Por su parte, Dolores resplandeció por su talento artístico. En el madrileño Hospital de Carabanchel, ante nada menos que los reyes Alfonso XIII y Victoria Eugenia, ejecutó uno de sus acostumbrados bailes en sociedad. De este fabuloso viaje siempre conservó Dolores, a vista de todos, el retrato que le dedicó la reina en esa ocasión. Con tales «credenciales», el matrimonio Martínez del Río-Asúnsolo inició viento en popa su vida conyugal, bajo los más estrictos cánones del conservadurismo de la época y con las más altas expectativas. Exquisito crítico de cine, el periodista y escritor Paco Ignacio Taibo I relató, tras entrevistarla, aspectos personales de su vida, en la biografía de 1999, *Mujer en el volcán*:

> Calvo prematuro, usaba Martínez del Río un bigote estrecho y negro, vestía de forma cuidadosa y conservadora y en las fotografías de la época se le ve siempre con una corbata que sujetaba al cuello de la camisa con un prendedor [...] Cuando Dolores habla de aquellos días en Madrid, parecería que se refiere a ellos como un viaje escolar, más que como una luna de miel. Recuerda también que el matrimonio formaba una pareja

> que llamaba la atención en España: «Jaime ya estaba muy calvo, él se reía cuando la gente pensaba que éramos padre e hija. Esto era creíble, porque él siempre se vestía en forma muy conservadora, mientras que a mí me compraba vestidos claros y alegres. Al llegar a México, yo pienso ahora, que llegaba ya bastante madura. Se me había quitado lo infantil, que duró mucho. Ahora que lo pienso creo que éramos los dos muy felices».

Martínez del Río no sabía nada de ranchos, cultivos, animales o peones, pero estaba decidido a amasar una inmensa fortuna al dedicar su hacienda Las Cruces al cultivo de algodón. Las historias de sus vecinos sobre grandes fortunas acumuladas a base del llamado «oro blanco», con las que habían edificado grandes palacetes en sus pueblos españoles de origen, avivaron como paja el fuego aquel sueño con el que arrastró Jaime a su joven esposa: «¡En el rancho vamos a ganar muchos, muchos millones!», recordaría siempre Dolores lo que decía su esposo.

Dolores fue muy feliz en la finca, no solo por recordar sus años en la propiedad paterna, sino por encontrarse rodeada por los paisajes, las cosechas y las charlas con la gente del campo. Sin embargo, cada vez con más frecuencia, ella y Jaime viajaban para divertirse a Durango y a Torreón, donde se vivían épocas de auge económico, derroche de dinero y una pulsante vida social en hoteles, tiendas y restaurantes.

El anhelo de fortuna para construir su casona en Europa se esfumaba entre idílicos paseos a caballo en pareja por el campo, las fiestas organizadas por la sociedad lagunera y, claro está, los desaciertos del inexperto agricultor. En 1924 se perdió toda la cosecha de algodón y la pareja quedó en bancarrota, sin un peso. El golpe fue terrible para los dos, que no estaban preparados para afrontar aquella crisis, a pesar de no haber sido los únicos en sufrir aquel «desastre de algodón», como se recordó por años en la zona. Su grave situación económica abonó

el camino a Hollywood, ya que se les presentaría, en carne y hueso, un maduro galán de cine: Edwin Carewe.

Rodolfo Valentino con boquita de corazón

De regreso en la Ciudad de México, durante una fiesta organizada por Adolfo Best Maugard en casa de Salvador Novo, Dolores Asúnsolo de Martínez del Río bailó como lo hacía con frecuencia en las reuniones sociales: una intensa descarga de electricidad. Edwin Carewe —el prestigioso actor, productor y director de Hollywood que entonces celebraba su luna de miel, con la también actriz Rita Carewe, en México— observó, para no olvidar jamás, el baile español que ofreció Dolores en esa ocasión. En ese instante le prometió convertirla en estrella. Jaime, para protección de Dolores, viajó a Los Ángeles a fin de comprobar que aquella vida podía ser posible. Y lo fue, más allá de lo que habían soñado.

Trágicamente, Hollywood devoraría a Jaime Martínez del Río, quien fracasó, se divorció y murió misteriosamente enfermo en Europa, en tres años, sin haber cumplido los cuarenta. Dolores Asúnsolo desaparecería también para dar paso a la estrella Dolores Del Rio.

El jueves 27 de agosto de 1925 llegó la pareja para establecerse en Hollywood. A sus veintiún años, Dolores firmó un contrato con la productora First National y sus estudios Tec Art. La señora Martínez del Río autografió aquel contrato con su descubridor, Edwin Carewe, rodeados de las fotografías de sus compañeros de estudio: Norma Talmadge, Richard Barthelmess, Buster Keaton, Constance Talmadge, Victor McLaglen y Barbara La Marr, entre otras estrellas del cine mudo, según detalla Paco Ignacio Taibo I.

Dolores rompió muchas barreras al dedicarse, desde su clase social, a ser actriz de cine. Incluso transgredió todavía más lo establecido en esos tiempos, pues lo hizo con el beneplácito y el apoyo de su esposo. «La batalla más grande de mi vida consistió en convencer a los míos de la necesidad de rechazar los prejuicios, las tradiciones sociales y todo ese cúmulo de fuerzas atávicas que se interponían en el camino de mi carrera artística. Yo sentía en el alma el impulso maravilloso del arte, la visión de un glorioso porvenir y esto me impulsó a dirigirme a Los Ángeles», declaró Dolores en una entrevista, en marzo de 1928. Jaime no solo fue su traductor, sino su maestro de inglés, y la apoyaba incondicionalmente. Buscando paliar el fracaso de no ser él quien propiciara para ambos la situación económica a la que estaban acostumbrados, comenzó una serie de trabajos segundones, a la sombra del ídolo meteórico en que se convertía su esposa, apenas unos meses después de su llegada a la meca del cine.

> Hace falta el tipo de mujer mexicana de alta sociedad, aquella que, plasmada por la cultura, los viajes y las costumbres extranjeras, conserva el sello imborrable de nuestras costumbres, la huella de nuestra tierra mexicana. Ya el tipo vulgar, pintoresco, y casi siempre ficticio, perjudicial porque falsea el concepto que de otros se tiene, entra en decadencia natural y se presiente el surgimiento de vida civilizada en un ambiente mexicano. Allí está mi meta: todos mis esfuerzos tienden a llenar eso, que es ya un vacío en el cine, y para conseguirlo pondré mis mejores esfuerzos. Tal vez fracase. Nadie perderá cosa alguna con ello. Pero, si triunfo, será para mí el colmo de mis ambiciones artísticas y quizá para México una pequeña gloria. ¡Ojalá así sea!

Y no, Dolores Asúnsolo de Martínez del Río no fracasó. Triunfó indiscutiblemente en Hollywood. Ya con su anglosajón nombre artístico, Dolores Del Rio brilló sublime como una deslumbrante estrella en «Cinelandia», como se refería a Hollywood. De entre cincuenta mil jóvenes que llegaban anualmente a Los Ángeles con ese mismo sueño de triunfo, fue ella quien logró convertirse en una diosa de plata.

—En Hollywood ¿qué opinaban de que usted fuera morena?

—Yo lo sentí mucho, ¿cómo decirte? Había una falta de aprecio por el tipo moreno. Todas las grandes bellezas eran rubias y de ojos azules. Todas parecían salir de los cuentos de hadas.

—¿Entonces todos los hombres empezaron a enloquecer por las *brunettes*?

—Quizá sí. Me convertí en el prototipo de la mujer mexicana, si tú quieres, de la mujer latina.

Así contestaba Dolores a la insidiosa pregunta. Antes que ella, otros mexicanos habían triunfado en Hollywood, como Ramón Novarro y Lupe Vélez, con quien convivió, trabajó y compitió fuertemente durante muchos años, antes del suicidio de la espontánea y muy atormentada actriz veracruzana, en 1944. Sin embargo, fue Dolores del Río quien se llevó las palmas al ser la mexicana que más destacó en aquella mítica industria. Edwin Carewe la convirtió en la «Rodolfo Valentino en mujer», con los icónicos labios rojos en forma de corazón.

En 1926, Dolores destacó en la primera fila de la foto de *The Wamps Baby Stars*, como las promesas del año, junto a Mary Astor, Dolores Costello, Fay Wray, Janet Gaynor y Joan Crawford. La mexicana es admirada por su rostro y su cuerpo, su talento histriónico, su forma de bailar y su innegable encanto con la lente. «Nunca una mujer me pareció más etérea, más ingrávida, algo así como si no fuera... Su boca plegada en un rictus de tristeza contribuía a fomentar esa idea inmediatamente», escribía el periodista Chas de Cruz, en 1931.

El acoso de un Carewe locamente enamorado de ella se manifestó desde un inicio, lo que la incomodó y la obligó a sortearlo de mil maneras. Por su lado, su esposo estaba orgulloso de su belleza y talento, como si se tratara de una piedra preciosa que le pertenecía. Al transcurrir los años, las películas, una tras otra, el éxito, los premios, los halagos, las fiestas, los lujos, las hermosas casas que compraron y todos los detalles de la infraestructura de ese *star system* al que Dolores tuvo acceso, triunfante y esplendorosa, resultaron directamente proporcionales al fracaso de Jaime Martínez del Río, quien no pasó de traducir algunos libretos cinematográficos. La vida del señor Del Río, el esposo de la gran estrella, debió ser terrible. Para un hombre de la esfera social de la que provenían ambos era humillante que los papeles se hubieran invertido: era ella quien aportaba el sustento.

> Durante siete años de nuestro matrimonio, Dolores ha sabido colmarme de felicidad [...] Su trabajo le ocupaba todo el día, y muchas veces parte de la noche. Nadie sabe lo que significa el trabajo de una estrella cinematográfica. Todo, absolutamente todo, ha de sacrificarse ante él. No es que a mí me molestaran los éxitos personales de Dolores. Al contrario, he sentido siempre un verdadero orgullo por las dotes artísticas de mi mujer y su enorme éxito me halaga muchísimo. Pero he sustentado siempre la teoría de que un hombre debe realizar algo por sí mismo y no contentarse de ningún modo con el reflejo que le llega de la gloria alcanzada por su mujer.

Lo anterior se lo confió Jaime a su amigo el periodista español Edgar Neville, tiempo después, durante su divorcio. Poco se sabe de la intimidad del matrimonio en ese contexto, pero sí fueron públicas las calumnias filtradas por Carewe, como cotilleos publicitarios, en las que insinuaba un amorío con Dolores del Río. Los celos y el fracaso debieron romper a Martínez del Río, quien regresó a Europa en diciembre de 1927, con un proyecto artístico que nunca se concretó. Mientras tanto, Dolores se divorció de él en un juzgado de Nogales, Sonora, el 21 de abril de 1928, por incompatibilidad de caracteres y por su carrera artística, y porque, además, la convivencia conyugal se había roto desde septiembre. Jaime murió enfermo y en circunstancias extrañas, el 7 de diciembre de 1928. Dolores no asistió a su entierro en México, donde el escándalo del divorcio no cesaba.

Casada con Cedric Gibbons desde 1930, escenógrafo, codiseñador con el arquitecto Rudolf Schindler de su impresionante casa estilo art decó de Santa Mónica y el director artístico de la Metro-Goldwyn-Mayer, Dolores del Río culminó su transformación en esa mítica deidad de la pantalla de plata. Carlos Monsiváis señaló: «Dolores es una de las culminaciones de Hollywood. Automóviles de lujo, joyas, perfumes, pieles, poses dirigidas a la cámara presente o representada por las maneras adoratrices, cenas de gala, visitas a la Casa Blanca, *premieres* tempestuosas, fiestas que se conciben a modo de escaparates del asombro, de vitrinas supremas del mundo».

Divorciada de Cedric en 1941, sostuvo una relación apasionada con un joven llamado Orson Welles, genio de la radio, el cine y el teatro, con quien, al haberse convertido en una mujer plena para vivir sus relaciones personales, encabezó uno de los romances más emblemáticos de la década. Asistieron juntos al estreno de la cinta de culto mundial *El ciudadano Kane*, obra cúspide de Welles. Ella brilló de blanco, vaporosa, muy poderosa; como la triunfante mujer que se sentía ya muy cómoda en su propia piel.

De «veneno de taquilla» a *María Candelaria*

Acompañada de su inseparable madre, Dolores regresó a México en 1942, a consolidar una brillante carrera y protagonizar una intensa actividad social de alto perfil. El cine nacional la encumbró mediante la mujer que encarnó *eso* que se llamó *lo mexicano*. Explotó al máximo el hecho de ser la estrella rutilante de dos firmamentos: del mítico Hollywood temprano a la Época de Oro del cine mexicano.

Uno de los motivos por los que Dolores decidió regresar a México fue que en aquel primer ambiente se le acusó de apoyar a personalidades comunistas en México, amigos cercanos como Diego Rivera y Frida Kahlo, además de que, con la frialdad y crueldad que esa industria pareciera guardar hasta nuestros días, estudios y productores estadounidenses la tacharon de ser «veneno de taquilla», por el poco éxito que habían tenido sus últimas películas. Ya no tenían el mismo auge los rasgos diferentes de la bella y muy orgullosa mexicana. El monstruo desechaba sin reparo a quien, junto a Greta Garbo, ha sido considerada una de las mujeres más bellas de Hollywood.

Protagonista de ese siglo y sus vertiginosos cambios, Dolores compartió discretamente su pasión por vivir con su tercer y último esposo, Lewis Riley, de 1959 a 1983, heredero que donó, tras la muerte de la actriz, todo su archivo al Centro de Estudios de Historia de México, para preservar su historia.

Dolores del Río fue excepcional en muchos sentidos. Amiga del pintor Adolfo Best Maugard, fue fotografiada por Tina Modotti y, tiempo después, por Manuel Álvarez Bravo; Diego Rivera y José Clemente Orozco la pintaron; Antonio Peláez la dibujó; escribieron sobre ella Alfonso Reyes, Salvador Novo y Carlos Pellicer; la dirigió Emilio *el Indio* Fernández en *María Candelaria* y *La malquerida*; encarnó una supuesta rivalidad con otra actriz y mujer de los nuevos tiempos: María Félix; en teatro y cine interpretó a *Doña Perfecta,* de Benito Pérez Galdós; actuó al lado de un muy joven Elvis Presley; la dirigió John Ford y, al final, en su casa de estilo mexicano-californiano, en el cultural barrio de Coyoacán de la Ciudad de México, reunió en 1968 a los más distinguidos artistas e intelectuales: Rufino Tamayo, David Alfaro Siqueiros, Salvador Novo, Carlos Chávez, Carlos Pellicer, Ignacio López Tarso y un largo etcétera.

Dolores del Río es, según Carlos Monsiváis, «el símbolo de triunfo». Su presencia no se redujo a la glamurosa vida de una estrella de cine. Fue una mujer que profundizó en todos los ámbitos de su vida más allá de la superficialidad ilusiva y romántica con que se trataba a las estrellas de la época, de los locos veintes en Hollywood o durante las décadas del cine de oro en México; estrellas que, como Dolores, enaltecían la belleza y elegancia de las mujeres. Triunfó rotundamente en ambas

industrias cinematográficas y logró convertirse en la mujer emancipada e independiente que dedicó su vida a su trabajo profesional por casi seis décadas.

Rodeada toda su vida por una interminable lista de grandes personalidades, con quienes entabló una profunda amistad, complicidad y proyectos, la dama etérea y enigmática, la magnífica *Ramona*, la excelsa *Doña Perfecta*, alcanzó enorme relevancia en las artes y la cultura, para concretar en la vida real su más importante, trascendental y casi desconocido papel: el de promotora cultural. Su gestión creadora culminó por lo alto en 1972, al crear el Festival Internacional Cervantino.

Dolores es quien mejor representa la figura de la mujer mexicana del pujante siglo XX, porque se suma a la historia de México que nació tras la Revolución mexicana. Su actividad como actriz la convirtió en promotora cultual desde los años veinte hasta principios de la década de los ochenta. La producción artística mexicana fue punta de lanza en Latinoamérica durante ese periodo. El muralismo, el cine, la literatura, la música, el teatro, todas las disciplinas de la creación artística despuntaban de México al mundo. Así lo comprendió Dolores cuando reunió esfuerzos para la realización del Festival Internacional Cervantino como un importante espacio para otras mujeres dedicadas a las artes y la cultura, y para cualquier creador en el ámbito internacional.

Así como la fundacional Malintzin se convirtió en un puente lingüístico con las herramientas que tuvo para sobrevivir aquella hecatombe, Dolores del Río, además de ser una figura arquetípica de la mujer mexicana, también fue el puente que abrió puertas a otras mujeres al quehacer artístico y cultural de México. Lugares que se convirtieron con el tiempo en espacios públicos para mujeres, lugares nunca pensados para ellas. En ese sentido, Dolores trastocó paradigmas y estereotipos. La joven aristócrata de provincia rompió todos los moldes preestablecidos para ella, en lo personal y en lo público.

No fue solo la encarnación de una belleza casi imposible. Con su talento, con sus herramientas, abrazó profesionalmente una carrera artística a la que se dedicó en cuerpo y alma; obtuvo una independencia económica; decidió no ser madre y utilizó métodos anticonceptivos; se divorció en busca de su felicidad; a lo largo de su vida encontró el amor con distintas parejas, a pesar de los prejuicios de edad y los convencionalismos sociales; desde su posición cercana a las esferas del poder político fomentó las artes en favor del crecimiento cultural de nuestro país; aprovechó su imagen de estrella en favor de actividades altruistas. Todo ello de forma natural, aunque nunca fácil. Sin importar lo que hiciera, Dolores siempre visualizó el triunfo de la mujer fuera de las esferas domésticas y privadas. Enseñó el camino a otras tantas mujeres que, con pleno derecho, decidieron sobre sus vidas.

Tras una carrera como ninguna otra antes, pasó sus últimos años enferma de artritis y, debido a una complicada hepatitis, en abril de 1983 Dolores Asúnsolo López Negrete murió en Newport Beach, California, al lado de su esposo Lewis Railey, a los setenta y ocho años. Así, Dolores Del Rio —con ese nombre sajonizado que ella misma eligió para su *alter ego*— dejó huella profunda en la cultura popular internacional y mexicana. Se vinculó de manera permanente con nuestra historia como la mujer que encarnó el vigoroso siglo XX y abrió caminos para otras mujeres, mexicanas y de todo el mundo. Caminos que, a casi cuarenta años de su muerte, sorprenden por no estar del todo resueltos, pero que permiten una discusión que hoy resulta más necesaria que nunca.

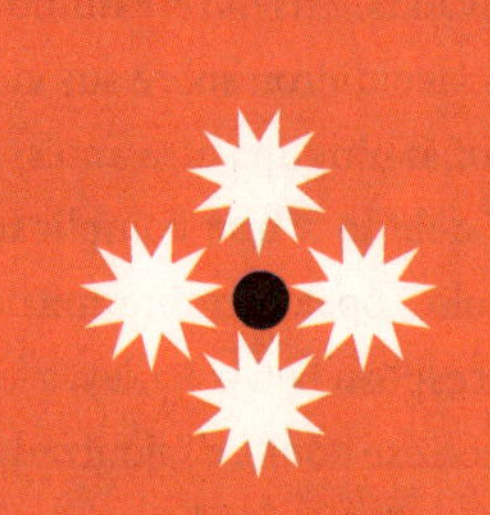

Bibliografía

Bibliografía

Beard, Mary, *Mujeres y poder. Un manifiesto,* Crítica, Ediciones Culturales Paidós, México, 2018.

«Centro Histórico de la Ciudad de México», *Artes de México,* núm. 1, 3ª ed., México, 1998.

De Mauleón, Héctor, y Rafael Pérez Gay, *Centro Histórico. 200 lugares imprescindibles,* Gobierno de la Ciudad de México, Ediciones Cal y Arena, México, 2017.

El Colegio de México, *Nueva historia mínima de México ilustrada,* Secretaría de Educación del Gobierno del Distrito Federal, México, 2008.

Galeano, Eduardo, *Mujeres,* Siglo XXI Editores, México, 2017.

Instituto Nacional de Estudios Históricos de las Revoluciones de México, *Historia de las mujeres en México,* Secretaría de Cultura, México, 2018.

_________, *Mujeres protagonistas de nuestra historia,* Secretaría de Cultura, México, 2018.

Lagarde y de los Ríos, Marcela, *Los cautiverios de las mujeres. Madresposas, monjas, putas, presas y locas,* Siglo XXI Editores, México, 2015.

Rosas, Alejandro, *99 pasiones en la historia de México*, MR Ediciones, México, 2012.

Rosas, Alejandro, y Sandra Molina, *Érase una vez México*, t. 1, 2 y 3 Planeta, México, 2013.

Tovar Ramírez, Aurora, *Mil quinientas mujeres en nuestra conciencia colectiva. Diccionario biográfico de mujeres en México*, Universidad de Ciencias y Artes de Chiapas, México, 2014.

Tuñón, Julia, *Mujeres. Entre la imagen y la acción*, coordinación de Enrique Florescano, Debate, Penguin Random House, Conaculta, México, 2015.

Malintzin, Malinalli, doña Marina

Baena Zapatero, Alberto, y Estela Roselló Soberón (coords.), *Mujeres en la Nueva España*, Instituto de Investigaciones Históricas, Universidad Nacional Autónoma de México, México, 2016.

Camba, Úrsula, y Alejandro Rosas, *Cara o cruz: Hernán Cortés*, Taurus, México, 2018.

Cortés, Hernán, *Cartas de relación*, edición de Ángel Delgado, Ediciones Castalia, Barcelona, 2016.

Díaz del Castillo, Bernal, *Historia verdadera de la conquista de la Nueva España*, Trillas, México, 2012.

Duverger, Christian, *Cortés. La biografía más reveladora*, Taurus, México, 2005.

Esquivel, Laura, *Malinche*, Suma de Letras, México, 2006.

Glantz, Margo (ed.), *La Malinche, sus padres y sus hermanos*, Colección Jornadas, Facultad de Filosofía y Letras, UNAM, México, 1994.

Gruzinski, Serge, *El destino truncado del Imperio azteca*, t. 6, Biblioteca Ilustrada, Blume, Barcelona, 2011.

Magaloni Kerpel, Diana, *Albores de la conquista. La historia pintada del Códice Florentino*, Artes de México, Secretaría de Cultura, México, 2016.

Martínez, José Luis, *Hernán Cortés*, 6ª reimpresión, Fondo de Cultura Económica, versión abreviada, México, 2017.

Sahagún, fray Bernardino de, *Historia general de las cosas de Nueva España*, introducción, paleografía, glosario y notas de Alfredo López Austin y Josefina García Quintana, Consejo Nacional para la Cultura y las Artes, Cien de México, 2 tomos, México, 1989.

Townsend, Camilla, *Malintzin. Una mujer indígena en la conquista de México*, traducción de Tessa Brisac, 1ª reimpresión, Ediciones Era, México, 2016.

TECUICHPO, DOÑA ISABEL MOCTEZUMA

Alberro, Solange, y Pilar Gonzalbo, *La sociedad novohispana. Estereotipos y realidades*, Centro de Estudios Históricos, El Colegio de México, México, 2013.

Armella de Aspe, Virginia, *Tecuichpotzin*, Colección V Centenario, Gobierno del Estado de Puebla, México, 1992.

Baena Zapatero, Alberto, y Estela Roselló Soberón (coords.), *Mujeres en la Nueva España*, Instituto de Investigaciones Históricas, Universidad Nacional Autónoma de México, México, 2016.

Camba, Úrsula, y Alejandro Rosas, *Cara o cruz: Hernán Cortés*, Taurus, México, 2018.

Carrillo de Albornoz, José Miguel, *Memorias de doña Isabel de Moctezuma*, Nueva Imagen, México, 1997.

Cortés, Hernán, *Cartas de relación*, edición de Ángel Delgado, Ediciones Castalia, Barcelona, 2016.

Díaz del Castillo, Bernal, *Historia verdadera de la conquista de la Nueva España*, Trillas, México, 2012.

Duverger, Christian, *Cortés. La biografía más reveladora*, Taurus, México, 2005.

García Iglesias, Sara, «Isabel Moctezuma. La última princesa azteca», *Vidas Mexicanas*, núm. 27, Ediciones Xóchitl, México, 1946.

Gruzinski, Serge, *El destino truncado del Imperio azteca*, t. 6, Biblioteca Ilustrada, Blume, Barcelona, 2011.

Magaloni Kerpel, Diana, *Albores de la conquista. La historia pintada del Códice Florentino*, Artes de México, Secretaría de Cultura, México, 2016.

Martínez, José Luis, *Hernán Cortés*, 6ª reimpresión, Fondo de Cultura Económica, versión abreviada, México, 2017.

Pérez-Rocha, Emma, *Privilegios en lucha. La información de doña Isabel Moctezuma*, Instituto Nacional de Antropología e Historia, México, 1998.

Rosas, Alejandro, «Las casas del tlatoani», *Relatos e Historias de México*, núm. 14, Raíces, México, noviembre de 2009.

Sahagún, fray Bernardino de, *Historia general de las cosas de Nueva España*, introducción, paleografía, glosario y notas de Alfredo López Austin y Josefina García Quintana, Consejo Nacional para la Cultura y las Artes, Cien de México, 2 tomos, México, 1989.

Mirra, Catarina de San Juan, la china poblana

Alberro, Solange, y Pilar Gonzalbo, *La sociedad novohispana. Estereotipos y realidades*, Centro de Estudios Históricos, El Colegio de México, México, 2013.

Baena Zapatero, Alberto, y Estela Roselló Soberón (coords.), *Mujeres en la Nueva España*, Instituto de Investigaciones Históricas, Universidad Nacional Autónoma de México, México, 2016.

Banco de México, *La moneda mexicana*, coordinación de Elena Horz y Arturo Chapa, Horz & Chapa Ediciones, México, 2001.

De la Maza, Francisco, *Catarina de San Juan*, Consejo Nacional para la Cultura y las Artes, Cien de México, México, 1991.

Gobierno del Estado de Puebla, *Tornaviaje. La nao de China y el barroco en México, 1565-1815*, Consejo Estatal para la Cultura y las Artes de Puebla y Museo Internacional del Barroco, Puebla, México, 2016.

Instituto Nacional de Bellas Artes, *Rojo mexicano. La grana cochinilla en el arte*, Secretaría de Cultura, México, 2017.

«La china poblana», *Artes de México*, núm. 66, México, 2003.

Sánchez Navarro de Pintado, Beatriz, *Marfiles cristianos del Oriente en México*, Fomento Cultural Banamex, San Ángel Ediciones, México, 1986.

Saucedo Zarco, Carmen, *La Nueva España, siglos XVII y XVIII*, Colección Historias de Verdad, Nostra Ediciones, México, 2010.

Secretaría de Hacienda y Crédito Público, *Acuñación en México. 1535-2015*, edición de Arturo Chapa, Casa de Moneda de México, Chapa Ediciones, México, 2015, p. 2.

Villamar, Cuauhtémoc, «El galeón en la región asiática», en *Tornaviaje. La nao de China y el barroco en México, 1565-1815*, Consejo Estatal para la Cultura y las Artes de Puebla y Museo Internacional del Barroco, Puebla, México, 2016.

Juana Inés de Asbaje y Ramírez de Santillana, Sor Juana Inés de la Cruz

Aguilar Salas, Lourdes, *Antología sor Juana y su mundo*, Universidad del Claustro de Sor Juana, México, 2007.

Alatorre, Antonio, *Sor Juana a través de los siglos (1668-1910)*, t. I, El Colegio de México, El Colegio Nacional y la Universidad Nacional Autónoma de México, México, 2007.

Alberro, Solange, y Pilar Gonzalbo, *La sociedad novohispana. Estereotipos y realidades*, El Colegio de México, México, 2013.

De la Maza, Francisco (recop.), *Sor Juana Inés de la Cruz ante la historia (Biografías antiguas. La Fama de 1700. Noticias de 1667 a 1892)*, revisión de Elías Trabulse, Instituto de Investigaciones Estéticas, Universidad Nacional Autónoma de México, México, 1980.

De Vetancourt, Agustín, Juan Manuel de San Vicente y Juan de Viera, *La ciudad de México en el siglo XVIII (1690-1780). Tres crónicas*, Colección Cien de México, Dirección General de Publicaciones, Consejo Nacional para la Cultura y las Artes, México, 1990.

Galeana, Patricia, *Museo de la Mujer*, Universidad Nacional Autónoma de México, Coordinación de Humanidades, México, 2012.

Galeano, Eduardo, *Mujeres*, 2ª ed., Siglo XXI Editores, México, 2015.

Glantz, Margo, *Sor Juana Inés de la Cruz: ¿hagiografía o autobiografía?*, Grijalbo, Universidad Nacional Autónoma de México, México, 1995.

Gonzalbo, Pilar, *Familia y orden colonial*, 1ª reimpresión, El Colegio de México, México, 1995.

Inundación Castálida, *Revista de la Universidad del Claustro de Sor Juana*, núm. 9, Dirección de Difusión Cultural y Publicaciones, 2019.

Larralde Rangel, Américo, *El eclipse del sueño de sor Juana*, prólogo de Sergio Fernández, Fondo de Cultura Económica, México, 2011.

Lavín, Mónica, y Ana Benítez Muro, *Sor Juana en la cocina*, Grijalbo, México, 2010.

López Portillo, Carmen Beatriz, *Óyeme con los ojos. Sor Juana para niños*, Universidad del Claustro de Sor Juana, Nostra Ediciones, México, 2012.

Mora, Pat, *A Library for Juana. The World of Sor Juana Inés*, Alfred A. Knopf, Nueva York, 2002.

Morant, Isabel, «Mujeres e historia. La construcción de una historiografía», en *Mujeres en la Nueva España*, coordinación de Alberto Baena Zapatero y Estela Roselló Soberón, Instituto de Investigaciones Históricas, Universidad Nacional Autónoma de México, México, 2016.

Paz, Octavio, *Generaciones y semblanzas. Dominio mexicano. Sor Juana Inés de la Cruz o* Las trampas de la fe, 2ª ed., Obras Completas III, Fondo de Cultura Económica, México, 2014.

Poot Herrera, Sara (ed.), *Sor Juana y su mundo. Una mirada actual*, Universidad del Claustro de Sor Juana, México, 1995.

Rosas Lopátegui, Patricia, *Óyeme con los ojos. De sor Juana al siglo XXI. 21 escritoras revolucionarias*, vol. I, Universidad Autónoma de Nuevo León, Monterrey, México, 2010.

Roselló Soberón, Estela, y Alberto Baena Zapatero (coords.), *Mujeres en la Nueva España*, Instituto de Investigaciones Históricas, Universidad Nacional Autónoma de México, México, 2016.

Schmidhuber de la Mora, Guillermo, y Olga Martha Peña Doria, *Familias paterna y materna de sor Juana. Hallazgos documentales*, Centro de Estudios de Historia de México, Fundación Carlos Slim, Escribanía, México, 2016.

Tenorio, Martha Lilia (ed., prólogo, notas y cronología), *Sor Juana Inés de la Cruz. «Ecos de mi pluma». Antología en prosa y verso*, 1ª reimpresión, Penguin Random House Grupo Editorial, Universidad Nacional Autónoma de México, México, 2019.

Tuñón, Julia, «Mujeres. Entre la imaginación y la acción», en *Historia ilustrada de México*, coordinador Enrique Florescano, Consejo Nacional para la Cultura y las Artes, Dirección General de Publicaciones, Penguin Random House, México, 2015.

Universidad del Claustro de Sor Juana, *El Claustro*, coordinación de Carmen Beatriz López Portillo, México, 2019.

Xirau, Ramón, *Genio y figura de sor Juana Inés de la Cruz*, 4ª ed., El Colegio Nacional, México, 2019.

María Ignacia Rodríguez de Velasco, la Güera Rodríguez

Arrom, Silvia Marina, *La Güera Rodríguez: la construcción de una leyenda. Historia mexicana*, [s.l.], septiembre de 2019, pp. 471-510, ISSN 2448-6531, disponible en: https:// historiamexicana.colmex.mx/index.php/RHM/article/view/3972/3948, fecha de acceso: 4 de febrero de 2020.

Burr, Claudia, y Rebeca Orozco, *Doña Josefa y sus conspiraciones*, Ediciones Tecolote, México, 2005.

Calderón de la Barca, Madame, *La vida en México durante una residencia de dos años en ese país*, 15ª ed., Porrúa, Sepan Cuántos..., núm. 74, México, 2014.

De Humboldt, Alejandro, *Ensayo político sobre el reino de la Nueva España*, Instituto Cultural Helénico, Miguel Ángel Porrúa, edición facsimilar, México, 1985.

Galeana, Patricia (presentación), *Historia de las mujeres en México*, Instituto Nacional de Estudios Históricos de las Revoluciones de México, 1ª reimpresión, Secretaría de Cultura, México, 2018.

________, *Mujeres protagonistas de nuestra historia*, Instituto Nacional de Estudios Históricos de las Revoluciones de México, Secretaría de Cultura, México, 2018.

________, *Museo de la Mujer*, Federación Mexicana de Universitarias, A.C., Universidad Nacional Autónoma de México, 2012.

García Robles, Jorge, *Diccionario de modismos mexicanos*, Porrúa, México, 2012.

Guerra Vargas, Rosa Luisa, *Así era la vida en la Independencia*, Larousse, México, 2018.

Hernández Carballido, Elvira, y Vicente Castellanos Cerda, «La Güera Rodríguez: entre la injuria, la condena y la rebeldía», en *2010-1910-1810. Revoluciones femeninas*, coordinación de Sandra Flores Guevara, Elvira Hernández Carballido y Josefina Hernández Téllez, Universidad Autónoma del Estado de Hidalgo, México, 2013.

Laad, Doris M., *La nobleza mexicana en la época de la Independencia, 1780-1826*, traducción de Marita Martínez del Río de Redo, Fondo de Cultura Económica, México, 1984.

Mó Romero, Esperanza, «Salir del silencio. Lecturas y escritos femeninos en la prensa mexicana de principios de siglo XIX», Universidad Autónoma de Madrid, en Estela Roselló Soberón y Alberto Baena Zapatero (coords.), *Mujeres en la Nueva España*, Instituto de Investigaciones Históricas, Universidad Nacional Autónoma de México, 2016.

Moreno Gutiérrez, Rodrigo, «Movimiento Trigarante», en Alfredo Ávila, Virginia Guedea y Ana Carolina Ibarra (coords.), *Diccionario de la Independencia de México*, Comisión Universitaria para los Festejos del Bicentenario de la Independencia y del Centenario de la Revolución Mexicana, Universidad Nacional Autónoma de México, 2010.

Muriel, Josefina, *Cultura femenina novohispana*, Instituto de Investigaciones Históricas, Universidad Nacional Autónoma de México, México, 1982.

Recéndez Guerrero, Emilia, y Juan José Girón Sifuentes, *Mexicanas al grito de guerra. Las mujeres en las revoluciones sociales (1810-1910)*, Taberna Literaria Editores, Universidad Autónoma de Zacatecas, México, 2012.

Rosas, Alejandro, *99 pasiones en la historia de México*, Planeta, México, 2012.

Sefchovich, Sara, *La suerte de la consorte. Las esposas de los gobernantes de México: historia de un olvido y relato de un fracaso*, 11ª ed., Océano México, México, 2011.

Torres Quintero, Gregorio, *México hacia el fin del virreinato español. Antecedentes sociológicos del pueblo mexicano*, prólogo de Pilar Gonzalbo

Aizpuru, Dirección General de Publicaciones, Consejo Nacional para la Cultura y las Artes, México, 1990.

Tovar Ramírez, Aurora, *Mil quinientas mujeres en nuestra conciencia colectiva. Diccionario biográfico de mujeres de México*, Universidad de Ciencias y Artes de Chiapas, México, 2014.

Valle Arizpe, Artemio, *La Güera Rodríguez*, 2ª ed., Librería de Manuel Porrúa, México, 1950, p. 148.

Frances Erskine Inglis , la marquesa Calderón de la Barca

Alberro, Solange, y Pilar Gonzalbo, *La sociedad novohispana. Estereotipos y realidades*, El Colegio de México, Centro de Estudios Históricos, México, 2013.

Bono López, María, «Frances Erskine Inglis, Calderón de la Barca y el mundo indígena mexicano», en Manuel Ferrer Muñoz (coord.), *La imagen del México decimonónico de los visitantes extranjeros: ¿un Estado-nación o un mosaico plurinacional?*, Instituto de Investigaciones Jurídicas, UNAM, México, 2002.

Burkholder, Arno, «Siete momentos en la vida de Antonio López de Santa Anna. 1821-1855», en Natalia Arroyo y Arno Burkholder, *Cara o cruz: Santa Anna. El debate de la historia*, coordinación de Alejandro Rosas, Taurus, México, 2018.

Calderón de la Barca, Madame, *La vida en México durante una residencia de dos años en ese país*, traducción y prólogo de Felipe Teixidor, 15ª ed., Porrúa, México, 2014.

Ferrer Valero, Sandra, *Breve historia de la mujer*, Ediciones Nowtilus, Madrid, España, 2017.

Flores Torres, Óscar, «La vida en México de Frances Erskine Inglis», *Relatos e Historias en México*, año III, núm. 34, junio de 2011.

Galeana, Patricia (presentación), *Historia de las mujeres en México*, 1ª reimpresión, Instituto Nacional de Estudios Históricos de las Revoluciones de México, Secretaría de Cultura, México, 2018.

Sefchovich, Sara, *La suerte de la consorte. Las esposas de los gobernantes de México: historia de un olvido y relato de un fracaso*, 11ª ed., Océano México, México, 2011.

Tuñón, Julia, *Mujeres. Historia ilustrada de México*, coordinación de Enrique Florescano, Consejo Nacional para la Cultura y las Artes, Debate, Penguin Random House, México, 2015.

Concepción Lombardo de Miramón

Acevedo, Esther, *Entre la ficción y la historia: la denegación del perdón a Maximiliano*, Anales del Instituto de Investigaciones Estéticas, UNAM, vol. 23, núm. 78, México, 2001.

Bermúdez, María Teresa, «Memorias del Imperio», *Nexos*, México, 1 de julio de 1990.

Cárdenas, Erma, *Como yo te he querido. Historia de amor entre Concepción Lombardo y Miguel Miramón*, Documentación y Estudios de Mujeres, A.C., México, 2009.

De Velasco, Soren, «El día que Juárez escapó de las manos de Miramón. Y el fin del sueño imperial en San Jacinto en 1867», *Relatos e Historias en México*, año XI, núm. 126, México, 2019.

Lombardo de Miramón, Concepción, *Memorias*, preliminares y notas de Felipe Teixidor, 3ª ed., Porrúa, México, 2011.

Rosas, Alejandro, *99 pasiones en la historia de México*, Planeta, México, 2012.

________, «Miguel Miramón, el desconocido», *Relatos e Historias en México*, núm. 20, México, abril de 2010.

Sefchovich, Sara, *La suerte de la consorte. Las esposas de los gobernantes de México: historia de un olvido y relato de un fracaso*, 11ª ed., Océano, México, 2011.

Seydel, Ute, «Memorias de Concepción Lombardo de Miramón. Una reflexión sobre el proyecto político fallido de Maximiliano de Habsburgo, Napoleón III y el partido conservador mexicano», *Revista Filos de la Universidad Nacional Autónoma de México*, México, vol. 14, 2007-2008.

Taibo II, Paco Ignacio, *La gloria y el ensueño que forjó una patria. De la Revolución de Ayutla a la Guerra de Reforma 1854-1858*, t. I, Planeta, México, 2017.

Tovar Ramírez, Aurora, *Mil quinientas mujeres en nuestra conciencia colectiva. Diccionario biográfico de mujeres en México*, Universidad de Ciencias y Artes de Chiapas, México, 2014.

Carmen Serdán

Blas Hernández, Jesús, y Arturo Allende González, *Isidro Fabela Alfaro. Pensamiento y obra a cien años de la Revolución*, Gobierno del Estado de México, México, 2012.

Flores Guevara, Sandra, Elvira Hernández Carballido y Josefina Hernández Téllez (coords.), *2010-1910-1810. Revoluciones femeninas*, Universidad Autónoma del Estado de Hidalgo, Instituto de Ciencias y Humanidades, Pachuca, Hidalgo, 2013.

Galeana, Patricia, *Museo de la Mujer*, Universidad Nacional Autónoma de México y Federación Mexicana de Universitarias, México, 2012.

Martínez Assad, Carlos, «Serdán Alatriste, Aquiles», en *Diccionario de la Revolución mexicana*, coordinación de Javier Torres Parés y Gloria Villegas Moreno, Universidad Nacional Autónoma de México, Comisión Universitaria para los Festejos del Bicentenario de la Independencia y el Centenario de la Revolución Mexicana, México, 2010.

Monroy, Carolina (edición y prólogo), *Fuerza de mujer. El imparable poder femenino*, Comité Ejecutivo Nacional, Partido Revolucionario Institucional, México, 2016.

Recéndez Guerrero, Emilia, y Juan José Girón Cifuentes, *Mexicanas al grito de guerra. Las mujeres en las revoluciones sociales (1810-1910)*, Universidad Autónoma de Zacatecas, Zacatecas, 2012.

Rocha Islas, Martha Eva, *Los rostros de la rebeldía. Veteranas de la Revolución mexicana, 1910-1939*, Secretaría de Cultura, Instituto Nacional de Estudios Históricos de las Revoluciones de México e Instituto Nacional de Antropología e Historia, México, 2016.

________, «Mujeres», en *Diccionario de la Revolución mexicana*, coordinación de Javier Torres Parés y Gloria Villegas Moreno, Universidad Nacional Autónoma de México, Comisión Universitaria para los Festejos del Bicentenario de la Independencia y el Centenario de la Revolución Mexicana, México, 2010.

Tuñón, Julia, *Mujeres. Historia ilustrada de México*, coordinación de Enrique Florescano, Consejo Nacional para la Cultura y las Artes, Debate, Penguin Random House, México, 2015.

ANTONIETA RIVAS MERCADO

Blair S., Kathryn, *A la sombra del Ángel*, Penguin Random House, México, 2015.

Cepeda, Ana Lilia, *La Casa Rivas Mercado. Una historia detrás de la historia*, Ink y Atrament, Fundación Conmemoraciones, México, 2020.

Fernández, Irasema, «El árbol de higos de Antonieta Rivas Mercado», *Revista de la Universidad de México*, septiembre de 2019.

Rivas Mercado, Antonieta, *Diario de Burdeos. Edición crítica*, textos de Kathryn Blair, Vivian Blair, Jaime Labastida, Ivett Tinoco y la Fundación Rivas Mercado, 1ª reimpresión, Universidad Autónoma del Estado de México, Siglo XXI Editores, México, 2019.

_________, *Obras*, t. I *(Cuento, teatro, ensayo, prosa varia, traducción, novela y crónica)*, recopilación, presentación, cronología, notas y apéndices de Tayde Acosta Gamas, 1ª reimpresión, Siglo XXI Editores, México, 2019, p. 243.

_________, *Obras*, t. II *(Diario, epistolario y apéndices)*, recopilación, presentación, cronología, notas y apéndices de Tayde Acosta Gamas, 1ª reimpresión, Siglo XXI Editores, México, 2019.

Rosas, Alejandro, «Un salto al vacío. Antonieta Rivas Mercado y Manuel Rodríguez Lozano», en *99 pasiones en la historia de México*, MR Ediciones, México, 2012.

Rosas Lopátegui, Patricia, «Antonieta Rivas Mercado: una sor Juana del siglo XX», en *Inundación Castálida, Revista de la Universidad del Claustro de Sor Juana*, vol. 5, núm. 16, México, octubre de 2020.

Tovar Ramírez, Aurora, *Mil quinientas mujeres en nuestra conciencia colectiva. Diccionario biográfico de mujeres en México*, Universidad de Ciencias y Artes de Chiapas, México, 2014.

Dolores del Río

Conley, Albert, *Dolores del Río 178 Success Facts. Everything You Need to Kknow about Dolores del Río*, Emereo Publishing, 2021.

De los Reyes, Aurelio, «Vivir de sueños», *Cine y sociedad en México. 1896-1930*, vol. I, *1896-1920*, Instituto de Investigaciones Estéticas, Universidad Nacional Autónoma de México, 2ª ed., México, 1996.

________, «Bajo el cielo de México», *Cine y sociedad en México. 1896-1930*, vol. II, *1920-1924*, Instituto de Investigaciones Estéticas, Universidad Nacional Autónoma de México, México, 2010.

________, «Sucedió en Jalisco o Los Cristeros», *Cine y sociedad en México. 1896-1930*, vol. III, *De cine, de cultura y aspectos del México de 1924 a 1928*, Instituto de Investigaciones Estéticas, Universidad Nacional Autónoma de México, México, 2013.

________, *Dolores del Río*, Centro de Estudios de Historia de México (Condumex), México, 1996.

Hall, Linda B., *Dolores del Río. Beauty in Light and Shade*, Stanford University Press, Stanford, California, 2013.

Martínez del Río, Pablo, «Los orígenes americanos», en Eduardo Matos Moctezuma (coord.), *Cien de México*, Secretaría de Educación Pública, México, 1987.

Ramón, David, *Dolores del Río*, vol. I, *Un cuento de hadas*, Clío, México, 1997.

________, *Dolores del Río*, vol. II, *Volver al origen*, Clío, México, 1997.

________, *Dolores del Río*, vol. III, *Consagración de una diva*, Clío, México, 1997.

________, «Hace 30 años murió Dolores del Río», *La Jornada*, jueves 11 de abril de 2013.

Silanes, María, *Dolores del Río. El río de mis amores*, Divas, Planeta, México, 2015.

Taibo I, Paco Ignacio, *Dolores del Río. Mujer en el volcán*, Planeta, México, 1999.

Referencias hemerográficas

Carrillo de Albornoz, J. M., «El linaje de Moctezuma vive... en España», *Proceso*, 16 de septiembre de 2010, recuperado de https://www.proceso.com.mx/reportajes/2010/9/16/el-linaje-de-moctezuma-vive-en-espana-3739.html.

Hernández, Bertha, *Grandes amores del Segundo Imperio: Concha Lombardo y Miguel Miramón*, https://www.cronica.com.mx/notas/2017/1016210.html, 26 de marzo de 2017.

Agradecimientos

◇◆◇

Gracias infinitas a Gabriel Sandoval, por la confianza a ciegas; a Karina Macias, por su visión panorámica de largo alcance, y, muy especialmente, a Mario Harrigan, por su experta y cercana dedicación, volcada tan generosamente en mis historias. Gracias a todo el equipo de Grupo Planeta.

◇◆◇

Gracias a mis queridos y entrañables amigos: Francisco Martín Moreno, Benito Taibo y Alejandro Rosas, compañeros en las maravillosas conspiraciones sobre esa historia nuestra. Con *El Refugio de los Conspiradores* aprendí la imprescindible misión de divulgarla. Aquí, una muestra de ello.

◇◆◇

Gracias a mi querida e incondicional amiga Bibiana Belsasso, por haber abierto, sin dudarlo, la puerta a tantas posibilidades.

◇◆◇